Fritz Fenzl

Wunderheilunge

Fritz Fenzl

Wunderheilungen

Aufzeichnungen beglaubigter Geschehnisse

nymphenburger

Besuchen Sie uns im Internet unter
www.nymphenburger-verlag.de

Schutzumschlag: Wolfgang Heinzel
Schutzumschlagmotiv: Nicolas Poussin: Die Heilung der
Blinden von Jericho, ARTOTHEK, Weilheim
Satz: Schaber Satz- und Datentechnik, Wels
Gesetzt aus 11,4/16 Punkt Trump Mediäval
Druck und Binden: Ueberreuter Buchproduktion, Korneuburg
Printed in Austria
ISBN 3-485-00988-1

Inhalt

Orte der Heilung 119

Inniger Glaube ermöglicht Wunder 149

Nachwort

Heilung als Zeichen des Göttlichen

Heilungswunder sind Zeichen des Heils und Heilwerdens. Sie sind nicht nur als sie selbst zu sehen, sondern als stumme Sprache einer höheren Wirklichkeit.

Eine Wunderheilung ist immer verbunden mit dem lebensrettenden Eingriff einer liebenden höheren Macht, jenes ersehnte Wirken, das der Bedürftige, der an Leib und Seele Kranke gesucht und schließlich auch gefunden hat.

Wunder sind ein Akt der Gnade, ein Geschenk und nichts anderes als Wegweiser in eine verborgene Wirklichkeit des Heils und der Heilung.

Für den, der lesen kann zwischen Worten, Taten und Zeichen, wirkt das Wunder in seiner Symbolsprache. Deshalb handeln so viele Wunder vom Sehend-Werden: Also eine neue Sicht erhalten, vom Dunkel ins Licht geführt werden.

Das Wunder ist Ereignis, es ist unerklärlich und spontan.

Tauchen wir ein in die Welt des Unerklärlichen, begegnen wir dem größten und strahlendsten

Heilsträger und Heilsbringer, den die Erde je sah: »An einem anderen Sabbat ging er in die Synagoge und lehrte. Dort war ein Mann, dessen rechte Hand gelähmt war. Die Schriftgelehrten und Pharisäer gaben auf ihn [Jesus] Acht, ob er am Sabbat heile [...], doch er erkannte ihre Gedanken und sagte zu dem Mann mit der gelähmten Hand: ›Steh auf und stelle dich in die Mitte.‹ [...] Er schaute sie alle ringsum an und sagte dann zu dem Mann: ›Strecke deine Hand aus ...‹«

Diese Stelle aus dem Lukas-Evangelium (Lk 6, 6-10) endet, wie es zu erwarten ist, mit der erfolgreichen Heilung des körperlichen Leidens. Der Mann streckt seine verletzten Glieder aus »und seine Hand ward wieder hergestellt«.

Überraschend ist eine heftige Abneigung, mit der die Zeugen dieser Wunderheilung reagieren: »Die aber wurden von sinnloser Wut erfüllt und besprachen miteinander, was sie Jesus wohl antun könnten« (Lk 6,11).

Wunderheilungen sind stets Einweihungen. Sie folgen dem »Zum-Tod-zum-Leben«- oder »Tod-im-Leben«-Prinzip und führen immerzu ins Licht. Echte Wunderheiler wurden zu allen Zeiten verfolgt und vernichtet, das war schon vor Jesus so, das zieht sich vom Gottessohn und dessen gewaltsamem Tod am Kreuz bis hin zu den

weisen Frauen (Hexen) oder modernen Ärzten, die trotz der schulmedizinischen Ausbildung neue Wege gehen wollen und müssen.
Eine Wunderheilung ist unerklärlich, nur beobachtbar. Das Wunder folgt keiner Logik, ist unvermutet, nur die Veränderungen sind sichtbar, zum Beispiel eine Heilung von dem geheimnisvollen Etwas, das ver-Wunde-t war. Nicht umsonst steckt im Wunder die Wunde.
Das Wunder ist wirklich, es ist! Das Wunder ist wirkende Wirk-lich(t)-keit.
Die in diesem Buch erzählten Geschichten sind alle von der Kirche beglaubigte Wunderheilungen. Es gibt eine Vielzahl von Kriterien, die erfüllt sein müssen, bevor ein Wunder als solches von der Kirche anerkannt wird. Der Experte Wilhelm Schamoni schreibt in seiner Dokumentation »Wunder sind Tatsachen« (Würzburg 1976): »Die Kirche ist gar nicht so wundergläubig und wundersüchtig, wie man es oft annimmt. Sie ist viel kritischer, als es manchen erscheint [und manchen lieb ist]. Der Autor kann feststellen, dass in den letzten Jahrhunderten zumindest fast jeder Fall in einem breiteren Rahmen untersucht wurde, als diese Schrift Umfang hat.«
Schon Pater Frumentius stellte fest: »Für das Wunder gelten ganz bestimmte Kriterien.« Nämlich muss eine augenblickliche und voll-

ständige Heilung einer schweren (unheilbaren) Krankheit zu beobachten sein und es darf kein Rückfall erfolgen.
Wilhelm Schamoni erklärt in seiner Dokumentation aus Heiligsprechungsakten akribisch die Kanonisationsakten, die Positiones genannt werden: »Unter einer Positio versteht man die Darbietung der Unterlagen für ein bestimmtes Prozessvorhaben. Sie besteht erstens aus der lateinischen Informatio [z. B. über ein Heilungswunder], zweitens aus dem Summarium, in dem aus den manchmal vielen tausend handschriftlichen Seiten von Vernehmungen die wichtigsten Zeugenaussagen ausgesucht und gewöhnlich in italienischer Sprache zusammengesetzt sind.«
Dazu kommen eine erstaunliche Vielzahl von juristischen Regularien und sehr rituellen Überprüfungskriterien, die den Rahmen dieses Buches sprengen würden.
Im 1. Vatikanischen Konzil wurden die Aussagen über Wunder von der Kirche, die hier von ihrem unfehlbaren Lehramt Gebrauch macht, in eine kurze Formel gefasst: »Damit trotzdem der Gehorsamsdienst unseres Glaubens der Vernunft entspreche, wollte Gott mit der inneren Hilfe des Heiligen Geistes äußere Erweise seiner Offenbarung verbinden: nämlich göttliche

Werke, vor allem Wunder und Weissagungen« (zitiert nach: L. Monden S.J.: Theologie des Wunders, Freiburg 1961).

Pater Frumentius bemerkte: »Dass manche Menschen in sich Heilkräfte tragen, vor allem magnetische Kräfte, ist hinreichend bekannt. Eine Stufe höher steht das Heilscharisma, ein wirkliches Charisma, das manchen Personen eigen ist.«

Und weiter: »Sofern sie [die Heiler] mit der Kirche verbunden leben, wird man derartige Therapie bedenkenlos empfehlen können. Denn der Heilende ist nur ein Medium, durch das die Gnade oder Ungnade wirkt.«

In seiner Direktheit trägt eine Wunderheilung die Dramaturgie des Göttlichen in sich. Denn oft sind die Geheilten am meisten verdutzt, was ihnen widerfährt. Bisweilen haben sie gar nicht mit Heilung gerechnet, zumeist diese jedoch herbeigesehnt. Alles bleibt möglich.

Das Wunder zu begreifen hieße, Gott zu begreifen. Das allerdings ist eine Anmaßung, denn nur Gott kann Unbegreifliches vollbringen. Das Wundersame ist nur für uns Menschen unbegreiflich.

Gott muss sich nicht erklären, er ist selbst der Urgrund.

Deshalb sollten wir nicht den alten Fehler begehen und das Wunder oder den Wunderheiler und dessen Tat zu materialisieren und zu verdinglichen.

Jesus war kein Supereingeweihter, der die universelle oder kosmische Lebensenergie richtig, weil meisterlich einsetzte.

Jesus war kein genialer Techniker des heilenden Handauflegens. Er hatte keine heilenden Hände ... Er war in dem Sinne überhaupt kein Heiler.

Jesus selbst ist das Heil. Ebenso wie Gott.

Jesus handelte im Sinne des »Ich bin«. Er heilte, weil er und das Heil nicht getrennt voneinander sind.

Heilung wird zu einem Akt der Gnade, für den der Gläubige mit der Hingabe seines Glaubens empfänglich wird.

Spontanheilungen

Die gelähmte Ercolina kann wieder gehen

Die Mutter von Ercolina Mazarello wurde im Juli 1912 zum vierten Mal schwanger. Die Verhältnisse der Familie waren nicht von Wohlstand geprägt, aber auch nicht von schmerzlicher Armut. Die Mutter arbeitete als Wäscherin und das, was vielleicht an materiellen Gütern fehlte, wurde durch Herzlichkeit, Familienbindung und ehrlichen Glauben aufgewogen.
»Die Schwangerschaft verlief normal, ich habe die ganze Zeit über gewaschen, indes die Geburt geschah im siebten Monat«, so berichtet die Mutter später (zitiert nach Schamoni, a.a.O., S. 83).
Nun erfahren wir viele Details über das Leben des Frühchens; alles bewegte sich durchaus im Rahmen der Normalität. Aus den vielen von der Mutter überbrachten Fakten (»bis zum zwölften Monat nahm sie nichts anderes als meine Milch«) ist herauszulesen, dass die kleine Ercolina im Umfeld von liebevollen Menschen aufwuchs.

Das Kind war fröhlich, jauchzte in der Wiege, lachte mit den Augen, die das Gewohnte erkennen und jenen untrüglichen Blick der Liebe haben …

Doch schon bald darauf berichtet die Mutter, dass der Leib des Mädchens anders heranwuchs als die Beinchen. Das Kind sei auch unnatürlich oft in der Wiege »auf dem Rücken liegen geblieben«. Allerdings zeigte Ercolina mit drei Monaten lachend, wenn man sie an den Ärmchen oder unter den Achseln entsprechend festhielt, dass sie kleine Schritte machen wollte: spielerisch, lebensfroh, ganz so wie andere Kleinkinder auch.

Doch dieser Hoffnungsschimmer wurde schnell dadurch getrübt, dass die Beinchen des liebenswerten Kleinkinds nicht das können, was das Kind mit ihnen vorhat. Da bereits drei Geschwister da sind, hat die Mutter einen untrüglichen Vergleich. Auch wenn körperliche Bewegungen in diesem Alter recht unbeholfen sein mögen, stets unterliegen sie dennoch dem übenden Willen eines gesunden Kindes. Nicht so hier. Denn bald schon war es traurige Gewissheit: Diese Kinderbeine blieben ohne jede Kraft, Ercolina war gelähmt.

Die sich erst vage abzeichnende, dann deutlich diagnostizierbare, ärztlich mehrfach bestätigte spinale Kinderlähmung wird nun in den Quellen ausführlich geschildert – etwa das hölzerne Gestell, das die Mutter im Jahre 1914 bastelte, um dem Mädchen eine Sitzstütze zu gewähren –, ist jedoch so traurig, dass wir den gerührten Leser zu einem Zeitsprung nach vorn einladen, symbolisch zu genau dem Sprung ins Leben hinein, den das Schicksal mit der kleinen Ercolina tat: An einem Tag, den Gott so auserwählt hat, kam die Schwester der Mutter und brachte eine Kleinschrift mit dem Bild der Schwester Maria Mazarello. Die rührige Schrift schilderte in der üblichen Manier mehrere Gnadenerweise, wie sie durch Fürsprache der wunderbaren Mitarbeiterin Don Boscos, Maria Dominika Mazarello, geschehen sind.

Dies war der Anfang einer gottgewollten Kette von Fügungen, die sich so oft deutlich zeigen, wenn ein Wunder im Nachhinein genauer betrachtet wird. Die Mutter blätterte in der Kleinschrift und entdeckte den Heilungsbericht über ein vierjähriges Mädchen.

»Geheilt von der Lähmung«, stand da unter einer einfachen Zeichnung, die ein Kind zeigte, das fröhlich die Straße entlangsprang.

Da sie eine gläubige Frau ist und ihr der Verstand keine Fallen (Zweifel) stellt, reagiert sie nun intuitiv und richtig. Sie kauft mit der Schwester

zwei Kerzen, um eine Novene (neuntägiges Gebet) zu halten.
Gesagt, getan. Jedes Gebet begann mit »O Gott, möge es dir gefallen ...«. Obwohl das Anliegen der Mutter so dringlich ist, vergaß sie nicht, den Willen Gottes anzuerkennen.
Am folgenden Tag musste sie um zwei Uhr aufs Feld. Als sie um fünf zurückkehrte, lief ihr der frühere Bürgermeister von Mornese entgegen: »Dein Kind kann laufen!«
In ihrem Kopf explodierten Gefühle von Glück, Dankbarkeit – aber erst musste sie es mit eigenen Augen sehen.
Und da!
Die kleine Ercolina eilte ihr entgegen: »Mama, Mama, ich kann laufen!« Schon war sie bei der geliebten Mutter und flog in deren Arme.

Es liegt der schriftliche Bericht der Mutter vom 24. Mai 1923 vor, der alles über Krankheit und Heilung enthält. Der schicksalhafte Tag der Heilung war der 20. April 1916. Vierzehn Zeugen haben den Bericht unterschrieben. Das Kind blieb gesund und führte auch als Erwachsene ein zufriedenes Leben.
Die Heilige, deren Fürbitte das Wunder zu verdanken blieb, ist Maria Dominika Mazarello, geb. 9. Mai 1837 zu Mornese im Piemont;

sie gründete die Maria-Hilf-Schwestern, auch Salesianerinnen Don Boscos genannt. Als Generaloberin starb sie am 14. Mai 1881. – Das geschilderte Wunder war Grundlage ihrer Seligsprechung im Jahre 1938.

»Nur das Heilige heilt wirklich«, hat ein wahrer Kenner der Zusammenhänge von Heil, Heiligung und der gottgegebenen Funktionsweise eines gesunden Körpers einmal gesagt.
Das Gesunde ist der natürliche Zustand!
Warum wachsen Blumen nach oben, der Sonne entgegen, warum entfalten sie ihre Pracht strahlend, sich liebend öffnend, dem zukünftigen Leben entgegen wie alles Lebendige? – Weil dies der »normale« Zustand der Natur ist!
Zweifeln ist so einfach: »Das ist Unsinn!«, sagt der Verstand: Warum gibt es Krankheit und Elend? Warum werden manche Mitmenschen krank geboren? Der Verstand will einem geradezu beweisen, dass Krankheit wesentlicher Bestandteil des Lebens sei. Wie ließe sich auch sonst ein Geschäft damit machen?
Doch der Verstand ist kein besonderer Führer, wenn es um das Zulassen gottgewollter Heilung geht. Wir alle leben zum Großteil unnatürlich, um nicht zu sagen gottesfern. Und Krankheit ist oft eine Folge von Fehlverhalten

(auch der Vorfahren), selbst wenn wir die Zusammenhänge nicht sehen.
Wer sich Gott, einer liebenden höheren Macht übergibt, der erlebt wahre Wunder.
»Es geht schon wieder«, sagt die Alltagssprache, die viel wissender ist als die Sprechenden.
»Es« geht wieder. Es geht um das Heil.
Gehen Sie mit, lassen Sie sich führen!
Und wenn Sie Hoffnung und Heil erfahren haben, geben Sie es bitte weiter. Vielleicht in einem heilenden Wort. Das ist so wichtig.

Pater Marcells Lichterscheinung

»Der Graf von Monterey, Vicekönig von Neapel, hatte ein sehr feierliches Fest zu Ehren der unbefleckten Empfängnis unserer lieben Frau angeordnet …«, so beginnt in barockisierenden Bildern die Geschichte aus dem Kirchenarchiv.

Der Palast sollte an Herrlichkeit alles überbieten, was die Zeitgenossen gewohnt waren: So plante man vier herrliche Hochaltäre und man wählte mehrere begabte Herren aus der Stadt zu deren prunkvoller und bombastischer Ausschmückung.

Bilder sollten entstehen, Bilder der Lebensfreude und der gläubigen Hingabe.

Einer der für den wundersamen Kirchenschmuck vorgesehenen Herren hatte allerdings wenig Lust, zu diesem Anlass seine Zeit und auch sein Geld in den geplanten Palast zu investieren, und er überredete den Pater Marcell, an seiner Statt einen der prunkvollen Altäre zu bestellen.

Und so fügte es sich, dass der fromme und kunstfreudige Marcell, übrigens ein im Handwerk recht geschickter Mann, seine Tage im Inneren des Palastes verbrachte, mit Maurerschurz, Kelle, Schnitzmesser, Farbe, vielen Ideen, Entwürfen und Helfershelfern. Er war beseelt von Freude und Euphorie, die jeder kennt, der sich schöpferisch betätigt und sein Werk wachsen sieht.

Das folgende Unglück liest sich im Original so: »Nun geschah es, dass einem der bei der festlichen Arbeit Beschäftigten, der auf einer hohen Leiter stand und eben auf der höchsten Spitze des Altares Verzierungen anbrachte, unvorsichtigerweise ein zwei Pfund schwerer Hammer entfiel und das Haupt des Pater Marcell traf; in Folge dieses heftigen Schlages stürzte dieser zu Boden und blieb wie todt liegen.«

Das Entsetzen war groß, der Verwundete rührte und regte sich nicht, dunkelrot färbten sich die hellen Marmorplatten des Palastes von dem warmen Blute, das aus der klaffenden Kopfwunde sich ergoss.

Die halb fertige, von ihm so liebevoll geschaffene Marienfigur blickte segnend über ihn und seinen leidvollen Zustand hinweg.

Man brachte ihn sogleich ins Kloster; dort wurde er von den denkbar geschicktesten Ärzten und Chirurgen untersucht »und diese thaten nach langer Berathung einstimmig den Ausspruch, daß die Wunde unheilbar und tödlich sei.«

So war es auch. Pater Marcells Tage auf dieser Erde neigten sich dem Ende zu. Er verfiel in ein heftiges Fieber und die Träume und Visionen, die mit der Hitze des Körpers und Geistes entstanden, waren bereits eine Art Blick in die Anderswelt.

Dann aber sah er unvermutet in helles und gleißendes Licht, das nur hell war und in keiner Weise blendete. Dieses Licht war die Schönheit selbst.

Auch hörte er sich bei seinem Namen rufen, laut und deutlich: »Marcell.«

Der Angesprochene blickte in die Richtung, aus der die Stimme gekommen war. Da stand kein anderer als der heilige Franz Xaver persönlich. Er trug das weiße Pilgergewand.

Der große Jesuitenheilige richtete eine gar sonderbare Rede an Marcell: Ob es denn besser sei, zu sterben oder mit ihm nach Indien zu gehen?

»Was dem Herrn gefällt.«

Daraufhin begann der Heilige das Gelübde der indischen Mission herzusagen und der Kranke sprach die vorgesagten Worte getreulich nach.

Ganz schön viel wurde da von ihm verlangt. Indes, er nahm's auf sich, sagte sich los von Vaterland, Freunden und Verwandten, erneuerte die religiösen Gelübde und gelobte, für den katholischen Glauben zu streiten, so viel es in seiner Macht stehe …

Die Anwesenden, die am Bett des todwunden Dahinfiebernden ausharrten, hörten die Worte als wirre Fieberrede, die von ganz weit her herzukommen schien.

Der heilige Franz Xaver aber hörte sich alle Gelübde sorgfältig an und forderte sie unnachgiebig ein, denn in jener ganz anderen Welt, in der beide sich befanden, bedeutet das Wort absolute Schöpfermacht.

Dann küsste Franz Xaver andächtig einen Kreuzpartikel und legte ihn auf die klaffende Wunde des Marcell. Wörtlich sagte er zu ihm: »Nun erhebe dich, sei guten Muthes, denn du bist wieder vollkommen gesund.«

Mit diesen Worten verschwand er – für immer.

In genau diesem Moment richtete sich Marcell in seinem Bett auf, mit festem Griff beider Hände an der Bettkante, dann schwang er die Beine aus der Lagerstatt, dass die Füße hörbar den Boden berührten. Er sah die fassungslosen Trauernden mit klarem Blick an.

Da sie ihn nur anstarrten und zu keinem Ton fähig waren, gestand er ihnen: »Ich fühle mich prächtig.«

Dann stand er vollends auf, kleidete sich an und ging davon.
Die schwere Wunde an seinem Kopf verschwand, die abrasierten Haare waren im Nu wieder nachgewachsen.
Er war und er blieb geheilt.
Die Wahrheit und Anerkennung dieses Wunders von kirchlicher Seite liefert der Originalauszug aus dem Quellentext: »Da das Wunder so klar und auffallend war, so entfielen alle näheren Untersuchungen; gleichwohl ward es auf Anordnung des hohen Erzbischofs kirchlich vorgenommen.«
Und über Zeugen: »Die Aerzte, die Chirurgen, die Väter des Convents und alle Zeugen beeideten die Wahrheit des Wunders [...] dieses Wunder findet man ausführlicher im Leben des P. Marcell Mastrilli beschrieben.«

Diese Wunderheilung ist mit einer Vision verbunden, die einem Blick ins Paradies gleichkommt. Der Todkranke und der Heilige begegnen sich in jener Welt und auf einer so entrückten Ebene, die für Lebende normalerweise nicht zugänglich ist. Die Szene mit dem starken Licht erinnert an Nahtod-Erfahrungen. Hier aber geschieht Heilung.
Franz Xaver, geboren 1506 auf Schloß Javier

(einem fantastischen Kraftort, vor allem das Portal, dort, wo es aus dem magischen Felsen zu erwachsen scheint!) in der Region Navarra, schloss sich 1533 dem Gründer des Jesuitenordens, Ignatius von Loyola, an. 1541 fuhr Franz als päpstlicher Legat nach Ostindien. Er gilt als Patron der Seefahrer und Missionare und ist für eine gute Sterbestunde zuständig.

Die heilige Elisabeth macht sehend

Theoderich, ein fünfjähriger Junge, war blind zur Welt gekommen. Als Sohn der Isentrud von Schletzenrod hatte er all die fünf Jahre, die er nun auf dieser Welt des hohen Mittelalters weilte, die Kraft des Lichts niemals kennen gelernt.

Das Fehlen seines Augenlichts ging wohl, will man den sehr drastischen Beschreibungen der Zeitgenossen folgen, auf einen groben Defekt seiner Augäpfel zurück. Die diesbezüglichen, äußerst präzisen Angaben und Vergleiche in den Quellen sind in der typisch mittelalterlichen Weise so schrecklich und drastisch gehalten, dass sie hier nicht wiedergegeben werden müssen.

Dann kam der 8. April 1232, nämlich der Gründonnerstag.

Der Knabe befand sich mit seiner Mutter in der Kapelle, die für Heilungswunder bekannt war.

»Im rechten Chorwinkel des Hospitals, wo besonders heilende Kräfte nachweisbar sind«, so soll seine Mutter die Stelle später beschrieben haben, dort im Inneren der Kapelle weilten Mutter und Sohn, dazu Zeugen des Folgenden, während draußen im Freien eine Predigt stattfand. Die laute Stimme des geübten Predigers war auch im Inneren deutlich vernehmbar. Da sie sich unterhalb des gewaltigen Tonnengewölbes mehrfach überschlug, war nicht alles zu verstehen …

Doch dann geschah das Unfassbare: Der kleine Theoderich konnte wieder sehen!

Die Ungeheuerlichkeit des Ereignisses wird in der Quelle mit drastischen Worten ausgeschmückt. Und die Wirklichkeit hat oft sehr viel mehr zu bieten als die kühnste Fantasie.

Später sagte Gottfried, der Hospitalpriester, unter Eid aus, dass er die Sehend-Werdung, ja geradezu die Neuerschaffung der fehlenden Augäpfel selbst mit angesehen habe. Um beim Bild zu bleiben: mit eigenen Augen. Fünf Zeugen ließen keinen Zweifel an der Echtheit dieses Wunders, das sich im Jahre 1232 zugetragen hat.

Theoderich blieb bis an sein Lebensende sehend und hat viele Menschen einen demütigeren Umgang mit dem Leben gelehrt.

Blindenheilungen, und hier sogar die Erneuerung kranker Augäpfel, haben im Neuen Testament und in der langen Zeit einer schriftlichen

Berichterstattung über Wunder, die auf christliche Kräfte und Traditionen zurückgehen, einen großen Stellenwert. Sicherlich ist da die Symbolik des Sehens, auch des Zur-Einsicht-Kommens, mit entscheidend, allem voran die Wiedererlangung des Lichts (Augenlichts). Das noch geringe Wissen über die mechanisch-optische Funktion des Auges spielt bis in die Neuzeit hinein eine Rolle. Auch der physikalische Stellenwert von Licht mag bei der Faszination von Heilungswundern der Augen entscheidend beteiligt sein: Ist es doch vor allem anderen Messbaren und präzise Nachweisbaren auf dieser Erde eben das Licht, das bis in unsere Tage der elektronischen Mikroskope, der Lasertechnik, Quantentheorie und vielem mehr die Grenze zwischen Geist und Materie zu verwischen scheint.

Am Grabe der heiligen Elisabeth sind viele Wunder geschehen und sie wirkt heute so wie damals, wenn man sie bittet. Im Februar des Jahres 1233 sind von päpstlichen Beauftragten die Vernehmungsprotokolle über 133 Wunder gesandt worden. All diese Heilungswunder geschahen in der Nähe ihres Grabes.

Die große Heilige, die mit Andechs in so enger Verbindung steht, wurde im Jahre 1207 als Tochter des ungarischen Königs geboren. Da-

mit ist sie ein typisches Kind des hohen Mittelalters, des vornehmen Rittertums, der Tugenden wie Mäßigung, Zucht, Treue, Ehre, Frömmigkeit – und der hohen Minne.
Wunder sind immerzu eine Form der Liebe, eine recht hohe Form der Liebe sogar.

Das Wunder von Calanda

Miguel Juan Pellicer war gerade achtzehn geworden, ein gut anzusehender, kräftig gebauter Mann, mit fein gestalteten Zügen, tiefschwarzen Augen und einem einnehmenden Lächeln. Der Sohn eines Bauern in Calanda (Erzdiözese Saragossa/Spanien) half, wie schon so oft, bei der Feldarbeit mit. Heute, an diesem schwül-heißen Tag, war die Getreideernte einzubringen.
Er saß mit breitkrempigem, tief ins Gesicht gezogenen Sonnenhut auf dem Maultier, das geduldig den inzwischen schwer und hoch beladenen Erntewagen zog. Das eintönige Knarzen der nicht allzu schnell dahinrollenden Holzräder mit den glänzenden Eisenbeschlägen machte schläfrig.
Einem Zuruf zufolge wandte er sich um, stemmte die rechte Hand in die Hüfte, redete über die Schulter, scherzte …
Dann geschah das, was hinterher kaum zu rekonstruieren war und irgendwie nur wie ein böser Traum anmutet. Er verlor das Gleichgewicht,

stürzte vom Maultier und fiel so hart auf, dass er eine Sekunde, nur eine einzige Sekunde zu lange wie gelähmt liegen blieb. Bevor irgendjemand reagieren konnte, fuhr der schwer beladene Karren mit den unnachgiebigen Rädern über sein rechtes Bein hinweg und fügte der Gliedmaße einen schweren Bruch zu.

Die furchtbare Fraktur begann schon bald zu eitern, Heilungsversuche der Ärzte blieben ergebnislos, auch umliegende Krankenhäuser konnten nicht helfen. Der Allgemeinzustand verschlimmerte sich.

Die verzweifelte Familie brachte Miguel nach Saragossa.

Um das nun Folgende zu verstehen, muss man wissen, dass sich in Saragossa einer der ältesten Marienwallfahrtsorte der Welt befindet, die Virgin de Pilar, die Muttergottes von der Säule. Dem Zufall folgend, der niemals Zufall ist, hatte Miguel zu ebendieser immer schon eine besondere Beziehung.

Doch auch diese Pilgerfahrt half nicht weiter: Das zertrümmerte Bein hatte nun einen so lebensbedrohenden Zustand bewirkt, dass es unwiderruflich abgenommen werden musste.

Sosehr der Gedanke, den lebensfrohen achtzehnjährigen Jüngling derart zu verstümmeln, jedem, der mit dieser Sache zu tun hatte, zuwi-

der war, es gab wirklich keinen anderen Ausweg mehr.
Die Zeit drängte und der Arzt mahnte: »Bald wird das Verwesungsgift der Wunde den gesamten Körper überschwemmt und vernichtet haben. Das Bein muss schnellstens entfernt werden!«
Ende Oktober 1637 war es dann so weit. Das Bein wurde abgetrennt, und zwar knapp unterhalb der Kniescheibe. Da über den Fall des Miguel Juan Pellicer genaue Aufzeichnungen vorliegen, sind auch die Namen der Ärzte bekannt: Ein gewisser Juan des Estanga führte den Eingriff durch. Eigentlich war dieser rechtschaffene Mann die führende Kapazität auf diesem Gebiet, denn der Chirurg war zugleich Professor für Chirurgie an der Universität von Saragossa und auch noch Leiter der hiesigen chirurgischen Abteilung.
In der hervorragend recherchierten Dissertation von Harald Grochtmann über nachgewiesene Wunder ist folgender Tatbestand dokumentiert: »Das abgenommene Bein wurde von dem Assistenten J. L. Garcis weggebracht und in Gegenwart mehrerer Zeugen auf dem Friedhof des Krankenhauses beigesetzt.«
Dies lässt alles, was nun kommt und ebenso bezeugt ist, in einem noch spektakuläreren Lichte erscheinen.

Der junge Mann fügte sich nun in sein Schicksal. Da er im Herzen fromm war, haderte er nicht lange mit dem Los der Einbeinigkeit. Ganz im Gegenteil. Er sah sich durch Gottes Gnade von dem schon so nahe gewesenen Tode durch Vergiftung gerettet. Statt der höheren Macht Vorwürfe hinzuwerfen »Warum denn gerade ich?«, lobte er Gott im Gebet und dankte, »dass mir, gerade mir das Leben nochmals geschenkt wurde« (zitiert nach Grochtmann, Langen/Hessen 1989).

Es wird berichtet, dass sein erster Gang nach der Entlassung aus dem Krankenhaus, wenngleich noch etwas unbeholfen mit der neuen Holzkrücke, zu der Kapelle der Säulenmadonna geschah. Für Zuschauer war dies ein Mitleid erregendes Bild: Dieser junge hübsche Kerl, wie er sich mit zwei Krücken unter der Achsel zur Kapelle schleppte.

Bald hatte die Nachbarschaft sich jedoch wieder an seinen Anblick gewöhnt und sah ihn täglich in der Nähe der Kapelle umherhumpeln. Da man ihn im weiten Umkreis kannte und er schon vor seinem Unfall recht beliebt war, kamen genügend Spenden, um ihm die Rückkehr in seinen Heimatort zu ermöglichen. Im März 1640 nahmen die Eltern ihn wieder zu Hause auf.

Dann kam der 29. März des Jahres 1640. Der

denkwürdige Tag sei hier detailliert berichtet, da die Quellenangabe hervorragend ist:
Am Abend waren Gäste im Haus der Eltern, Nachbarn und befreundete Soldaten, die im nahen Calanda einquartiert waren. Miguel beteiligte sich am Gespräch, dann aber schmerzte genau jenes Bein, das längst von seinem Körper entfernt war und auf dem Friedhof ruhte. Wir würden heute sagen: Er hatte Phantomschmerzen.
Da diese Schmerzen zunahmen und er sich nicht mehr so recht auf die Unterhaltung konzentrieren konnte, nahm er die Holzprothese ab und begab sich auf sein gewohntes Lager im Elternhaus. Die Mutter stützte ihn, damit er sich zur Ruhe begeben konnte.
Er schlief unverzüglich ein, wie immer mit einem letzten Gedanken der Dankbarkeit an die Säulenmadonna, der er sein, wenngleich eingeschränktes, aber immerhin vorhandenes Leben zuschrieb.
Gegen elf Uhr abends löste die Gesellschaft sich auf, die Mutter Mercedes warf, rein gewohnheitsmäßig, einen Blick auf den schlafenden Sohn, da sie sicher sein wollte, dass er den Schlaf und damit für heute Nacht Befreiung vom Schmerz gefunden habe.
Aber! Was war das!

Sie schrie laut auf vor Verwunderung. Erstaunen? Schreck? Oder staunendes Entsetzen? Denn da lugten zwei Beine unter der Bettdecke heraus.
Vom Schrei war Miguel aufgewacht. Er setzte sich unversehens im Bett auf, schaute die Mutter an und rieb den Schlaf aus den Augen.
»Ist etwas?«
Es dauerte eine Zeit lang, bis er selbst begriff, dass er zwei gesunde Beine hatte. Ungläubig stützte er sich ab und stand auf.
Das fehlende Bein war ihm wieder gegeben.
Wie ein Lauffeuer verbreitete sich die Kunde. Noch im Morgengrauen wusste das Dorf Bescheid. Und der als Erster unterrichtete Pfarrer Herrero hatte nur noch eine Geschichte zu erzählen ...
Über den weiteren Verlauf der Wunderheilung berichten die Quellen genauestens: Das neue Bein war zwar da, aber es funktionierte noch nicht so recht. Ähnlich wie bei den heute möglichen Transplantationen bedurfte es einer Gewöhnungs-, einer Übungs- und sicher auch für den Körper einer Durchblutungs-Erprobungs-Phase.
Dies alles wird in einem medizinisch stimmigen Bericht wiedergegeben. Miguel konnte das neue Bein in den ersten Tagen nur mit Mühe auf den

Boden setzen. Und in den Zehen hatte er gar kein Gefühl.
Mit der Zeit normalisierte sich der Zustand. Das Bein wurde jeden Tag beweglicher und gehorchte bald dem Willen Miguels.
Auch das Fleisch erhielt bald wieder die normale Färbung und die eigenartige Marmorierung (so spricht die Vorlage) des durch das Wunder erlangten neuen Beines verschwand.
Die Sache hätte nicht geheimnisvoller verlaufen können: Selbst Narben aus der Kindheit, die Miguel sich vor über zehn Jahren zugezogen hatte, waren an dem neuen Bein sichtbar!
Als man dann nach dem abgetrennten und beerdigten Bein sah und dieses exhumierte, da war es verschwunden.

Zugegeben: Unglaublicher kann eine Wundergeschichte nicht mehr sein. Sie hat aber einen auffallend lückenlosen Grad an Verbürgtheit. Das »Wunder von Calanda« ging ein in die spanische Kirchengeschichte und in Saragossa, gleich in der Nähe der Kathedrale, gibt es heute noch eine Straße des Wunders von Calanda. In Gegenwart des Erzbischofs Pedro Apaolaza wurde bereits im Jahre 1640 die korrekte kanonische Untersuchung dieses wahren Wunders eingeleitet: Eine Dokumentation all der kirch-

lichen Untersuchungen und Beglaubigungen hat Grochtmann aufgelistet. Er sagt:

»Die Kommission tagte bis April 1641 14-mal und vernahm außer dem Geheilten 24 Zeugen. Aufgrund ihrer Aussagen entschied der Erzbischof am 27. April 1641, dass das Vorkommnis echt und als Wunder zu erklären sei.«

Die Auferweckung eines Ertrunkenen

Hieronymus Gemin hatte das Leben satt. Er verfiel zunächst in negatives und abwegiges Denken, sah nur noch die dunklen Seiten des Daseins und es fand sich auch keiner, der ihn auf diese gefährliche Geisteshaltung hingewiesen hätte. Ganz im Gegenteil, die Freunde, die um ihn herum waren, bestätigten den Mann in der Ansicht, dass das Leben nichts wert sei.

Sie alle vertändelten die Tage, faulenzten, tranken oder pöbelten, bis sie ihr jämmerliches Dasein nur noch am Rande der menschlichen Gemeinschaft fristen konnten.

In Hieronymus schlummerte jedoch noch ein Rest von Glaube. Und der Glaube an einen Schöpfergott ist stets positiv.

Der innere Schutzgeist hätte Hieronymus so gerne ermahnt, das Leben als Taugenichts abzustreifen wie eine Raupenhülle. Doch die negativen Gedanken waren stärker und bedrängten ihn: »Dein Leben ist nichts wert, du bist nichts wert, es hat keinen Sinn weiterzuleben ...«

Bald schon machte sich grenzenloses Selbstmitleid in Hieronymus breit.
Dann nützte der böse Geist, der Gottes schönstes Schöpfungsjuwel – das Leben selbst – verachtet, eine besonders schwache Stunde: Hieronymus ging entschlossen zu einem tiefen, dunklen Moorwasser und ertränkte sich. Aber in einem winzigen hellen Moment seiner Düsternis entschuldigte er sich bei seinem Lieblingsheiligen, nämlich Franz von Sales.
Dann schwappten die Wellen über ihm zusammen, er wurde in die Tiefe gezogen und fand symbolträchtig ein grausiges Ende.
Das blieb über eine Woche unbeobachtet, bis ein Fischerkahn an den leblosen Körper stieß. Man barg ihn, allerdings mit Widerwillen, denn sowohl der Lebenswandel des Mannes als auch der wahre Grund dieses Todes gaben keine Rätsel auf.
Indes, die Menschen taten ihre Pflicht als Mitmensch, man bahrte ihn nicht lange auf und trug die »stinkende Leiche« (so derb drückt die Quelle sich aus), in ein weißes Tuch gehüllt, zur Bestattung.
Doch was war das?
Die wenigen Anwesenden trauten weder Augen noch Ohren. Gar mancher hielt sich wahrscheinlich in dem Moment für verrückt.

Die eingewickelte Gestalt auf dem Totenbrett richtete sich auf, wand die Hände aus der Umwicklung … und pries mit lauter Stimme den heiligen Franz von Sales.
Die Menschen hatten schon richtig gesehen: Der Mann war von den Toten auferstanden. Das alles geschah im Jahr Christi 1630.
»Hieronymus Gemin hatte sich ertränkt, man trug seinen bereits in Verwesung übergegangenen und stinkenden Leichnam eben zur Bestattung, als er plötzlich sich erhob, die Hände aus dem Tuche, in das er gehüllt war, streckte und mit lauter Stimme den Ruhm des Franz von Sales verkündete«, so berichtet der Originaltext aus dem Kirchenarchiv.
Zugleich erfahren wir, der zum Leben erweckte Tote habe berichtet, dass ihm genau in dem Momente, der dem Aufwachen vorausging, der heilige Franz von Sales erschienen sei, »in diesem Augenblicke in höchstem bischöflichen Ornate, mit mildem und majestätischem Antlitze, in himmlischer Glorie strahlend.«

Der Text aus dem Archiv gibt Kunde, dass dieses Wunder von höchster Stelle als wahr erklärt wurde: Der Papst Alexander VIII. bestätigt in der Bulle oder dem Decrete der Heiligsprechung des St. Franz von Sales, Bischofs zu Genf, dass

die von ihm erzählten Wunder vollkommen wahr seien.
»Denn ihre Wahrheit und Gewissheit ist durch öffentliche Erhebungen und reifliche Prüfung der heiligen Congregation der Gebräuche, unter unserer Autorität, sichergestellt worden.«
Das Wunder entzieht sich jedweder Erfahrungswissenschaft. Das Wunder ist nicht wissenschaftlich, sondern göttlich.
Auffallend an dieser verbürgten Totenerweckung ist, dass sie an die Geschichte mit dem von Jesus erweckten Lazarus, der ebenfalls schon in Verwesung übergegangen war, erinnert.
Oder die Parallele des optisch gut wahrnehmbaren Aufsetzens auf der Bahre nach der Rückkehr ins Leben: »Und er [Jesus] trat hinzu und berührte den Sarg – die Träger blieben stehen – und sprach: ›Jüngling, ich sage dir: steh auf!‹ Da setzte sich der Tote auf und begann zu sprechen ...« (Lukas 7,11-17).
Für den geneigten Leser, der bei Wundern – auch bei biblischen Wundern – zwischen den Zeilen lesen will: Es sind dies immer Einweihungsgeschichten. Wer im Leben den Tod erfuhr, der lebt vollkommen anders (wissend) weiter.

Die wundersame Heilung eines Behinderten

Lorenz war seit seiner frühesten Kindheit so stark im Gehen und dem Gebrauch der Hände behindert, dass er es nie hatte lernen können, sich aufzurichten. So fehlten ihm die körperlichen Erfahrungen des Sich-Aufrichtens und der damit verbundenen neuen Weltsicht, die ab einem bestimmten Alter jedem Menschen vorgegeben ist.
Der wahrhaft Bedauernswerte konnte nur über Hausgänge, Straßen und Stege kriechen, um wenigstens an einem Zipfel vom Leben teilzuhaben, und wer ihn sah, dem konnte das Herz zerbrechen. Wie respektlos die Menschen mit ihm umgingen, macht die Schilderung aus dem Mund eines Zeitgenossen deutlich: »In der Art eines Frosches« sei er gekrochen, so berichtet der Beobachter.
So wurde der unglückliche Knabe achtzehn Jahre alt und musste sich stets in solch demütigender Art fortbewegen.
Nach achtzehn Jahren waren nun alle Sehnen verkürzt, nicht ausgebildet oder eben nicht ent-

sprechend gedehnt, um noch auf eine Änderung zum Besseren hin hoffen zu können.
Lorenz war zum krassen Außenseiter geworden, man behandelte ihn mit Gespött, Mitleid oder Angst und offenem Entsetzen. Aber immer mit Abstand.
Alles, was zur Welt gehörte, zu Liebe, Freundschaft, Geselligkeit, er kannte dies nur vom Zuschauen und war darüber längst schwach an Sinnen geworden – nur um diese grauenhafte Realität nicht bewusst ertragen zu müssen.
Oder wirkte das nur so? Denn er bekam mehr mit von den unsichtbaren Fäden, die das menschliche Sein umgarnen und überall wirksame Zusammenhänge schaffen, den Fäden des Lebensspieles, die für viele unsichtbar bleiben.
Nur wie hätte er es sagen sollen. Und wem?
So bewirkte die Art seines Daherkommens, die unbeholfene Art, Kontakt zu suchen, seine Verzweiflung, die aus grausamster innerer Einsamkeit rührte, dass wirklich jeder vor ihm Reißaus nahm.
Bis auf seine Mutter Maria.
Wie sollte es jedoch bei so einer schweren Anomalie von Körper und längst auch Geist möglich sein, dass eine Heilung erfolgte? – Das war nach allen Regeln des Geistes un-vorstellbar.

Lorenz' Seele allerdings war vollkommen gesund – aber unendlich einsam.
Das Wunder geschah dann so unerwartet und abrupt, dass es in den Quellen nicht näher beschrieben wird.
Zu erzählen bleibt dem staunenden und glücklichen Chronisten nur: Ab einem bestimmten Zeitpunkt entwickelten sich die Gliedmaßen des Lorenz, wenngleich verspätet, hin zu einem normalen Menschen. Er konnte sich aufrichten und lernte bald das Gehen!
Seine Mutter hatte Tag für Tag inständig den heiligen Aloysius von Gonzaga um Hilfe gebeten, angefleht hatte sie ihn. Sie hatte trotz all des Elends nicht ihre Hoffnung aufgegeben, sondern wahrte Vertrauen in die Wunderkraft des Heiligen.
Später wurde die leidgeprüfte Frau bei einem dokumentierten Prozess im Februar des Jahres 1613, der das Wunder als glaubhaft bestätigt, gefragt, was sie vom heiligen Aloysius halte?
»Ich halte ihn für einen großen Fürsprecher bei Gott«, so ihre Antwort.
Als man sie eindringlich fragte, ob sie die reine Wahrheit spreche, sagte sie mehrmals: »Es ist so, wie ich gesagt habe, und die Gemeinde kann es bezeugen.«
Neben vielen genannten und verbürgten Zeugen wurde auch der ehrwürdige Priester Petrus An-

tonius de Bonfadinis, Pfarrer des Ortes Buffetto, als Zeuge vor die das Wunder prüfende Kommission geladen und vereidigt. Man wollte wissen, ob denn in dem anstehenden Falle des Lorenz nicht irgendein Heilmittel verwendet worden sei? (Was für ein Heilmittel sollte es denn bei dieser schrecklichen Art von Behinderung gegeben haben?)
»Ich halte ihn [den Geheilten] für ein Wunder«, war darauf die Antwort des geweihten Herrn.

Wunder sind unerklärlich, denn sie sind selbst ohne Grenzen, ohne die Grenzen unseres Verstandes und dessen, was wir uns und anderen an Möglichem eingestehen wollen. Bei einem Wunder dieses gewaltigen Ausmaßes kann nur der Glaube greifen, be-greifen. Auch die Kommission wollte mit dem Verstand erklären. Immer wieder fragte sie nach »Heilmitteln«. Doch all dies geschah allein durch göttliche Hilfe.

Eine heilige Vision heilt vom Schlaganfall

Es war der 23. Dezember des Jahres 1762. Victoria kleidete sich an für den Gang zur heiligen Messe in der Dominikanerkirche, die um sechs Uhr in der Früh beginnen sollte.

Es herrschte, der Jahreszeit gemäß, pechschwarze Nacht, als sie etwa um Viertel nach fünf Uhr aufstand. Aber sie tat die üblichen Handgriffe mit Routine, bis …

Ja, bis das Schicksal mit der typischen Überfallartigkeit in ihr Leben eingriff und sie wurde »… wehrend der Ankleidung, unvermuthet so gewaltig vom Schlag getroffen, dass sie unempfindlich da gelegen, ohne dass sie sich gar haette zur Kirchen mehr anlegen koennen«.

Sie stürzte auf den groben Holzboden und verursachte dabei zum Glück so viel Lärm, dass die Nachbarn hastig, aufgeregt und ängstlich zusammenliefen. Man fand die Frau leblos auf dem Boden, man gestikulierte, rannte, holte Ratschläge ein, schließlich den Arzt.

Doch da war nichts zu machen. Ohnmächtig, im

Wortsinne besinnungs-los und ohne eine Gliedmaße zu rühren, lag Victoria da und »blieb auf solche Weis vier Taeg lang außer sich und ohne ein Zeichen zu geben«.
Endlich, am Dienstag, den 28. Dezember gab sie, als man sie, um die Reaktion zu testen, heftig anschrie, ein Lebenszeichen. Dann fiel sie wieder in ihre tiefe Ohnmacht.
Und wieder ein Rufen, das sie vernahm ...
Doch das kam dieses Mal nicht von Menschen, die sich mit allen möglichen Tricks, Hausmitteln und Heilungsideen um die regungslose Frau kümmerten. Nein, dieses Rufen kam aus der ganz anderen Welt. Und sie hörte es laut und deutlich: »Victoria!«
Diese Anrufung ließ sie – Traum? – Ohnmacht? – Vision? – Audition? – Halluzination! – nahe an sich herankommen, denn sie meinte, dies sei der Herr Pfarrer der Johanniskirche.
Der aber war es nicht, sie konnte auch nichts sehen, da sie der Ohnmacht wegen die Augen nicht aufzutun in der Lage war.
Trotzdem glänzte da dieses starke Licht ... und sie wurde gewahr, dass es sich um den seligen Johannes Marioni handelte.
Wie groß war das Erstaunen der immer noch ohnmächtig auf dem Krankenlager liegenden Victoria, als sie nun den heiligen Mann deutlich

vor sich stehen, reden und handeln sah. Er stand in einer Art Licht-Tunnel, den er ohne Hast durchwandert hatte, und er schritt nun einladend lächelnd auf sie zu.
Das Erstaunen in ihrer Real-Vision war so stark, dass sie ihn fragte, wer er denn sei – obwohl sie ihn von vielen Bildnissen aus der Kirche kannte.
»... auf dieses ließe sich der Diener Gottes augenblicklich vor ihr sehen und fragte, ob sie ihn nicht kennte: Alsdann machte er ihr mit eigener Hand das rechte Aug auf. Nochmals nahm er sie bey der linken Hand, welche mit samt selber ganzen linken Seiten von obgemelten (oben gemeldeten?) Schlag beruehret war, und befahle ihr: Sie sollte vom Beth aufstehen.«
Sie gehorchte gerne, teils wegen der Autorität des Lichtwesens, teils weil sie gesund werden wollte.
Doch es ging nicht. Zu lange war sie gelegen, die Glieder blieben viel zu schwer.
Da half die Erscheinung ihr. Der selige Johannes Marioni reichte ihr galant und zuvorkommend die rechte Hand, half ihr aus dem Bett.
Und da stand sie.
Und dieses Mal war es Wirklichkeit!
Die Umstehenden, die entgeistert auf Victoria und deren Tun starrten, sahen nur, dass sie aus eigener Kraft das Krankenlager verlassen hatte.

Und dass sie ständig vernünftig mit einer Person sprach, die weder zu sehen noch zu hören war.
»Ich habe schrecklichen Durst«, sagte sie nur, diesmal zu den Helfern gewandt.
Für die Darniederliegende existierten weiterhin beide Welten, die eine und die andere.
Und der Selige brachte ihr einen schweren irdenen Krug mit frischem heilenden Wasser.
Auch ihre Anverwandten schleppten einen Krug mit Wasser zu trinken herbei; Viktoria bestand auf dem irdenen Krug des Heiligen.
Sie trank, Schluck für Schluck.
Und Schluck um Schluck wurde sie gesund.
»Kaum hatte sie von dem sothanem Wasser getrunken, merkte sie alsogleich, wie ihr ganzes Gebluet in der getroffenen linken Seiten heftig herumwallete.«
Kurz und gut: Sie konnte die Heilung förmlich spüren, erlebte diese als glühende Kraft, die ihr durch die Adern schoss.
Und sie blieb gesund und kräftig ein Leben lang.

Wasser! Die heilende Kraft von Wasser – allerdings von besonderem Quellwasser – ist und bleibt unübertroffen, wie wissende Ärzte immer wieder bestätigen. Wasser ist die Grundlage des Lebens schlechthin, steht es doch am Anfang und Ende eines jeden Lebenszyklus. Das

Leben fließt – und welches Element sollte das Fließen der Lebensenergie besser beinhalten denn Wasser? Wasser hat Fähigkeiten, die sogar von Wissenden und Eingeweihten noch unterschätzt werden:

- *Wasser ist ein Informationsspeicher, kann Infos transportieren, also auch heilende Energien.*
- *Wasser regelt alle Funktionen des Organismus vom Stoffwechsel bis zum Denken.*
- *Wasser ist Träger von Energie, also Informant von Lebendigkeit, Götterbote der Lebensenergie!*
- *Schließlich hat jedes Wassermolekül seine eigene, unverwechselbare Identität.*
- *Wasser ist und bleibt Grundlage allen Lebens.*

Wen wundert es also, wenn Heilige auf die göttliche Kraft des göttlichen Elements zurückgreifen. Alles Leben kommt vom Wasser. Die Kirche trägt dem Rechnung in der tiefen Bedeutung der Taufe und des Weihwassers.

Interessant ist auch, dass der Wasser bringende Heilige an eine der typischen Nahtoderfahrungen erinnert, die erst in den letzten dreißig Jahren systematisch erforscht werden.

Das Wasser samt dem Krug ist allerdings echt: Beide Welten überschneiden sich, ein Raum-Zeit-Tunnel ist entstanden.

Zur Richtigkeit und Beglaubigung äußert der

Text sich selbst: »... wie es auch ja und wahr also seye [...] Nach diesem [Text] folgen im Welschen Originaldruck die Aussagen oder Zeugschaften des Wohlerwuerdigen Herrn Pfarrer D. Josephi de Renzi [...], D. Jacobus Cuccarrus und D. Pasqualis Maccarelli, beyde zur obgedachten Kranken beruffene Leibarzten, geben folgende gerichtliche Zeugnuß von sich [es folgen die Beglaubigungen] Den 25. Jenner 1763. Imprimatur Napoli die 27. Januarii 1763.«

Die weinende Madonna befreit von der Schwermut

Emilio Fabrini war jedem bekannt als kleiner, rundlicher und stets freundlicher Zeitgenosse mit der für diesen Typ oftmals zu beobachtenden strotzenden Lebensenergie. Er war ohne Ausnahme fürsorglich und zuvorkommend seiner Frau gegenüber, verwöhnte die Kinder mit lebensbejahendem Frohsinn und die Kunden der kleinen Metzgerei mit flotten Sprüchen, segnenden Wünschen und nett gemeinten Witzen. Doch das änderte sich von einem Tag auf den anderen. Emilio wurde schwermütig, weshalb, vermochte niemand zu sagen. Und niemand sah eine Möglichkeit, wie man ihm helfen konnte – am wenigsten er selbst.

Dieser Krankheit des Denkens folgte der Körper nur allzu schnell in gewohnter Synchronizität: Die Antriebslosigkeit Emilios war für interessierte Außenstehende immer augenfälliger wahrzunehmen. Aus dem vitalen, lebensfrohen Metzger war ein seelenloses Fleischbündel geworden und jeder Besucher, der auch nur kurz hereinschaute, hatte ein beklommenes Gefühl. Man mied ihn, so gut es ging, nur seine Frau Sophia verlor nicht den Mut.

Sie brachte ihren Gatten nach Civitavecchia, das auch das italienische Lourdes genannt wird. Und es war eben einer jener Tage, an denen die wundersame Gipsstatuette der Madonna von Civitavecchia weinte. Sie vergoss menschliche Tränen.

Auch Emilio weinte, der Kopf hing nach unten, als gäbe es keine Nackenmuskeln. Er war tief verzweifelt – doch dann trat eine positive Kraft hinzu und die war stärker als alle Schwermut.

Die Tränen des rundlichen Italieners trockneten und er sprach einen ganz besonderen Satz: »Das wird schon wieder.«

Wie lange hatte er nichts Positives mehr gesagt! Dies war auch der Anfang vom Ende. Vom Ende seines seelischen Tiefs, der Besessenheit durch Geister, die ihm den Mut hatten nehmen wollen.

Die Zuflucht zur Madonna von Civitavecchia gab ihm die Lebensfreude wieder, die er vor seiner Schwermut immer so großzügig verteilt hatte. Und seine Geschichte wurde für viele ein Beispiel dafür, dass es auch in seelisch schweren Zeiten immer noch einen Ausweg gibt, wenn man sein Leiden in die Hände einer höheren

Macht übergibt und Vertrauen hat in die Allmacht Gottes.

Bei der wunderheilenden Madonna von Civitavecchia handelt es sich um eine dreißig Zentimeter hohe Gipsstatuette, die aus dem Wallfahrtsort Medjugorie stammt. Jessica, die Tochter des Fabrikarbeiters Fabio Gregori, sah diese eigenartige Maria am 2. Februar 1995 blutrote Tränen weinen. Das ist ein nicht allzu seltenes Phänomen, das in unseren Tagen sogar zunimmt.
Bis heute hat diese Madonna dreizehn Mal vor verschiedenen Zeugen geweint. Auch vor den Augen des Bischofs von Civitavecchia, Monsignore Grillo. Der war es auch, der eine seriöse theologisch-wissenschaftliche Expertenkommission mit der Untersuchung des Wunders beauftragt hat. Die Welt schrieb:
»Die Madonna weint Tränen aus menschlichem männlichem (!) Blut. Warum sie weint, lässt sich nicht erklären. Ein mechanischer Trick ist ausgeschlossen.«
Zur damaligen Expertenkommission gehörte der Theologe René Laurentin: »Unser Abschlussbericht liegt jetzt zwar dem Kardinal Ratzinger vor. Aber der Vorsitzende der Glaubenskongregation wird sie nicht öffentlich kommentieren …«

Am 6. Februar 2003 waren es allein dreißigtausend Pilger, die in Privatautos anrollten, um der Wundermadonna ansichtig zu werden. Bei einem noch so »jungen« Wunder-Ort kann die endgültige kirchliche Absegnung noch nicht vorliegen, denn diese muss, wie wir gesehen haben, strengen Regeln folgen.

Heilige bewirken Heilung

Der heilige Stanislaus und die gelähmte Hand

Matthias Textor war ein Weber in Przemysl. Er ging froh und eifrig seiner Tätigkeit nach, die ihn redlich ernährte. Matthias war im Ort wohl angesehen, ja, man kann sagen, er galt als fleißig und sehr zuverlässig.
Dann, von einem Tag auf den anderen, begann er ein seltsames Ziehen in der rechten Hand zu spüren, das von einem eigenartig pelzigen Gefühl begleitet war. Beidem schenkte er zunächst keine besondere Bedeutung.
»Sind es die Sehnen?«, dachte er und bewegte die Rechte, mit der er zu arbeiten gewohnt war, indem er die Hand im Gelenk wand und die einzelnen Finger bewegte. Es ging nicht mehr so, wie er es gewohnt war, die Glieder folgten seinem Willen nicht. »Wird schon werden«, dachte er nur und begab sich unbesorgt zur Nachtruhe.
Am nächsten Morgen musste er jedoch feststellen, dass die eigenartige und etwas beunruhigende Beobachtung vom Vortag keinesfalls hinfällig geworden war.

Ganz im Gegenteil.

Die Hand ließ sich nun nur noch mit großer Mühe bewegen. Von flinken Verrichtungen mit dem Weberschiffchen konnte keine Rede mehr sein. Dann verschlechterte der Zustand sich stündlich. »Ich konnte sie weder zusammenziehen noch bewegen oder mit ihr das heilige Kreuzzeichen machen«, so sagte er aus und erklärte weiter:

»Es kam mir vor, als ob ich ein schweres und nutzloses Gewicht an ihr trüge« (zitiert nach Schamoni).

Nun folgte für ihn eine schwere Zeit, die geprägt war von Hoffen, Bangen und täglichen herben Enttäuschungen. Die Hand wurde nicht gesünder, sondern hinfälliger, es war, als würde sie verdorren und vollends absterben.

Den geliebten Beruf konnte Matthias schon lange nicht mehr ausüben. Er geriet in finanzielle Not und sein Selbstbewusst-sein als geschickter und fleißiger Arbeiter lag ganz und gar darnieder. Schlimmer noch: Er musste ernsthaft darüber nachdenken, ob er seine Familie bald mit Betteln ernähren würde müssen. – Entsetzlich!

In solchen Situationen fügt sich dann oft das Geschehen des Alltags zu dem, was ein weniger dem Glauben zugeneigter Zeitgenosse einen Zufall nennen mag, was jedoch ein deutlicher Wink

von oben ist, wobei die helfende Macht zumeist den Mund eines Menschen für ihre Botschaft zu Hilfe nimmt: Dann, immer genau dann naht der ganz bestimmte Tag, an dem zur rechten Zeit das entscheidende Wort gesagt wird.
Matthias geriet in Jaroslaw in ein Wirtshaus und hörte zufällig dem Gespräch zweier Frauen zu. Die eine klagte laut über die Krankheit ihres Sohnes. Matthias wurde aufmerksam. Dann merkte er, dass der Sohn ebenso jenes unerklärliche Leiden hatte, das ihm selbst Ansehen, Ehre, Verdienstmöglichkeit und die Freude an einem ehemals gesunden Körper geraubt hat.
»Geh unbedingt hin zum seligen Stanislaus«, hörte er die Ältere der Frauen sagen.
»Warum?«, so die ungläubige Antwort.
»Weil der deinem Sohn die Hand heilen wird, allein durch seine Fürsprache bei Gott.«
»Ach?«
»Doch. Nur er kann es. Geh hin und mach ein Gelübde. Gleich morgen!«
Matthias war von dem Gehörten tief bewegt. Noch hatte er keinen Entschluss gefasst, aber tief in seinem Inneren wusste er bereits, wohin ihn die gesund gebliebenen Beine kurz darauf führen würden: in die Kirche der Jesuiten in Jaroslaw. Denn es ist Weihnachtszeit. Nur noch wenige Tage vor dem Heiligen Abend.

Er trat ein in den nach Weihrauch duftenden Kirchenraum und setzte sich leise in eine der hintersten Bänke, da soeben ein feierlicher Gottesdienst zelebriert wurde. Andächtig hörte er zu, war ganz bei der Sache und in seinem demütig gewordenen Kopf formte sich ein starker Entschluss: Er gelobte, dass er zwei Messen zu Ehren des heiligen Stanislaus zelebrieren lassen würde.
Dann folgte die Predigt. Matthias war von den Worten des Jesuiten auf der Kanzel so hingerissen, dass er unwillkürlich aufstand und im Mittelschiff nach vorn ging. Erst hinterher wurde ihm bewusst, dass er dies getan hat.
Dann erhält er das Kreuzzeichen des Predigers und hört demütig die Erwähnung des Namens von Jesus Christus.
Matthias, voll ehrlicher Ehrfurcht, fährt nach alter Gewohnheit zu seinem Käppchen, das noch auf dem Kopf sitzt, um es eiligst abzunehmen.
Eine heilige Sekunde später hält er das kleine Stück gestrickten Stoffes in der Hand.
Dann erst wird ihm klar ... träumt er ... das kann doch nicht wahr sein!
Ungläubig betrachtet er die rechte Hand, wie sie die eben vom Kopf gezogene Mütze festhält. Dieser willentliche Bewegungsablauf der fünf Finger, wie er beim Abnehmen einer Stoffmütze

vonnöten ist! Nein, er glaubt es noch nicht. Denn zu solcher Bewegung war er über ein Jahr nicht fähig.
Er drückte die Mütze, knetete sie andächtig zwischen den Fingern, fühlte genau deren Struktur, machte dann ein Kreuzzeichen. Wieder tat die Hand alles, was der Kopf ihr befahl. Matthias steckte die Mütze ein, fasste mit der rechten Hand die linke. Tatsächlich, er spürte genau die andere, die gesunde Hand, fühlte deren Wärme und konnte sie drücken, wie er wollte. Er war geheilt.

Auch Jesus hat Wunder gewirkt, über den Grund, dass er dies tat, streiten sich die Theologen bis heute. Meiner Ansicht nach sollte allein die Tatsache, dass Jesus Wunder wirkte, genügen.
»Die Werke nämlich, die der Vater mir zu vollbringen gegeben hat, eben die Werke, die ich vollbringe, geben Zeugnis von mir, dass der Vater mich gesandt hat« (Johannes, 5,36).
Wie in der Bibel bei den Wunderheilungen durch Jesus sollte der Symbolcharakter der Krankheit und ebenso der ihr folgenden Heilung nie ganz außer Acht gelassen werden. Was bedeutet es, wenn eine Hand erkrankt?
Die Hand des Menschen ist das Werkzeug

schlechthin und viele Redensarten befassen sich mit der Hand und ihrer im doppelten Sinne festhaltenden (handelnden) Funktion:

- *etwas gleitet aus den Händen;*
- *eine Sache wird mit beiden Händen angepackt;*
- *etwas wird aus der Hand gegeben;*
- *jemand hat seine Hand im Spiel;*
- *eine segnende Hand wird über einem Menschen ausgestreckt.*

Wie ein Bettler erblindet und wieder sehend wurde

»Die Ketzer aller Jahrhunderte waren sich stets gleich, sie waren Heuchler, Betrüger, Lügner. Aendere jetzt die Namen und die Zeitabschnitte und du wirst im gottlosen Cirola den treulosen Calvin finden ...«

Derart rigoros geht der alte Text des Kirchenarchivs mit denen um, die sich von der offiziellen Lehrmeinung der Kirche abwandten – und dabei auch noch viele Anhänger gewannen!

Cirola war Bischof der Arianer, einer Sekte des frühen Christentums, die zur Frage der Dreieinigkeit und der göttlich-irdischen Wesenheit des Gottessohnes anderer Meinung war als die Kirche, die sich dann durchsetzte – bis heute.

Wollen wir hören, wie es im Schatten solcher geistigen Stürme zu einem verbürgten Heilungswunder im Jahre 484 kam. Denn eine Vielzahl von Zeugen gehört zum geradezu novellenhaften Dingsymbol dieser mäanderhaft verschlungenen Heilungsgeschichte:

Der auf die Gabe der Wunderheilung erpichte

Arianerbischof Cirola wollte es dem wahren Wunderheiler St. Eugenius gleichtun und ein spektakuläres Wunder wirken – vor vielen Zeugen.

Die Öffentlichkeit war ihm außerordentlich wichtig. Denn er wollte Massen beeindrucken und er wusste durchaus Bescheid um die steuerbare Dynamik einer bewegten Masse.

So ersann er eine List, die, letztlich billig eingefädelt, große Wirkung versprach: Er bezahlte Luca, den Bettler, mit fünfzig Goldstücken. Der sollte sich blind stellen, durch Klagen auf dem großen öffentlichen Platze allergrößtes Mitleid erregen und dann, wenn Cirola unter dem Gefolge von Bischöfen über den Platz geschritten käme …

»Du tust so, als ob du von allen Seiten hören würdest: Sieh, dort kommt Cirola, der Wundertäter!«, so hämmerte Cirola dem Bettler ein.

Der arme Luca war bei so viel Geld nur allzu bereit zu tun, was der andere verlangte.

»Und dann wirst du ausrufen: O großer Patriarch Cirola, du Diener des großen Gottes, du Hüter des wahren Glaubens, mache den Blinden sehend. *Aude me, beatissime Cirola, aude me, sancte sacerdos Dei, respice caecitatem meam.*«

Der Blinde tat, was Cirola verlangte, er spielte seine Rolle hervorragend und übertrieb noch da-

zu. Darüber, ob er als Bettler so gebildet gewesen war, die lateinischen Sätze zu sprechen, findet sich kein Hinweis in der Quelle.
Ja, man muss zugeben, er machte seine Sache mustergültig und verstand es auch, das geballte Interesse der Masse auf sich zu ziehen.
Cirola schritt also vor den Augen des Volkes und all der versammelten katholischen Bischöfe mit gespielter Würde auf den vermeintlich Blinden zu. Er legte dem Bettler die Hände in großartiger Geste auf die Augen und intonierte: »Kraft unseres Glaubens, mit dem wir Gott bekennen, habe das Licht deiner Augen!« *(Secundum fidem nostram, qua recte Deum credimus, aperiantur oculi tui.)*
Aber, o weh!
Die Augen des Bettlers, der ja in Wirklichkeit sehend war, füllten sich mit bösem Feuer, es brannte ihm fast den Verstand aus dem Kopf. Er wälzte sich auf dem Boden, beide Hände vor dem Gesicht; dann fuhr er hoch wie von der Tarantel gestochen. Der Arme wusste nur zu genau, dass er durch den Frevel blind geworden war und er brüllte mit einer sich überschlagenden Stimme in Richtung von Cirola.
Die anwesende Volksmenge und alle hier versammelten Bischöfe waren längst verstummt und hörten, wie der Unglückselige sich sein Leid

aus dem Leib schrie: »O Verräter, o verdammter Verräter. Verführst die Armen zu teuflischen Taten!« Die Wände der den Platz säumenden Häuser warfen seine Stimme wie ein Echo zurück. Der gepeinigte und erblindete Bettler spürte nun instinktiv, was dies alles für ihn bedeutete, spürte seine persönliche Katastrophe. Dass Cirola sich offensichtlich von ihm abgewandt hatte, machte ihn noch wütender.
Mit voller Inbrunst brüllte er: »Du hast mich blind gemacht! Dir sollte ich den blinden Mann spielen!«
Dann packte er den Beutel mit den fünfzig Goldstücken und schleuderte ihn wütend dahin, wo er Cirola vermutete.
»Nimm dein Drecksgeld, du gemeiner Verräter!« Hunderte von Menschen sahen diesem schrecklichen Geschehen zu und Cirola stand weiß wie eine Alabasterstatue seiner selbst im Mittelpunkt der Szene.
Dann warf sich der Bettler den katholischen Bischöfen zu Füßen. Vielleicht spürte er deren Ausstrahlung reinen Glaubens und erkannte seine vielleicht allerletzte Chance einer Wendung. Er schrie: »Euch, ruhmwürdige Christen, euch beschwöre ich, verlasst mich Elenden nicht! Helft mir! Helft mit, damit ich nicht zugrunde gehe!«

Da trat Eugenius auf den Bettler zu. Er war ebenso angewidert von allem, was er gesehn hatte, wie auch von wahrem Mitleid ergriffen, als er fragte: »Du konntest sehen, Bettelmann, hast den Blinden gespielt und bist jetzt wirklich blind?«

Nur ein Schluchzen aus dem tiefsten Grab menschlicher Verzweiflung blieb die Antwort.

»Bekennst du dich wirklich zu unserm Glauben?«

Die Körperhaltung des geblendeten Bettlers war für Eugenius Antwort genug.

Da legte der Heilige dem Bettler die Hände auf dessen von höherer Macht ausgebrannte Augen: »Im Namen des Vaters, des Sohnes und des Heiligen Geistes, die wir in ihrer Dreieinigkeit und Allmacht anbeten, öffnet euch, ihr Augen!«

Der Bettler schaute ihn an.

Er schaute ihn an!

Und da bemerkte er erst, dass ihm das Augenlicht wiedergegeben worden war.

Und die Quelle berichtet weiter: »Das Volk aber, hingerissen von der Größe des Wunders, rief aus: ›Der wahre Gott ist der Vater, der wahre Gott ist der Sohn, der wahre Gott ist der Heilige Geist!‹«

Nicht umsonst stehen die Wunderheilungen von Blinden, die durch Glauben sehend werden, so weit oben in der Gunst der Erzähler und Chronisten. Denn das Grundübel jeder Glaubenskrise ist der Verlust des klaren Blicks, das Blind-Sein gegenüber den gottgewollten Naturgesetzen.

Während der ersten Regierungsjahre des Kaisers Konstantin erlebte Alexandrien, der bedeutende Mittelpunkt griechischer Kultur, eine hitzige Glaubenserschütterung, an der sich auch das Volk leidenschaftlich beteiligte:

Worum es damals ging? Ein junger Priester namens Arius (280–226) hatte die Auffassung vertreten, dass es nur den einen Gott, den Vatergott gäbe. Christus sei lediglich Geschöpf wie wir Menschen alle, er sei indes vom Vatergott mit göttlichen Kräften ausgestattet.

Letztlich beendete das berühmte Konzil von Nizäa im Jahre 325 den heftigen und zermürbenden Streit. Seitdem hat Jesus in der Dogmatik den Rang, den wir kennen (wesens-ähnlich, wesens-gleich).

Der gerettete Fuhrmann

»Und des zu Exempel kam Heintz Reyter von Mutern im Intal gen alten Öding«, so beginnt der Bericht in einem alten Mirakelbüchlein. Auch die Jahreszahl und die Jahreszeit werden genau angegeben: »Zu Ostern anno dni MCCCC LXXXXV«, also zu Ostern des Jahres 1495.

Der Fuhrmann Heintz Reyter arbeitete bei einer Silbergrube. Er führte an diesem für ihn so ereignisreichen Tage sein Fuhrwerk mit einem schweren Gaul sehr nahe an die metertiefe Grube heran, um sich von den Männern aus der Grube schwere Kisten heraufreichen zu lassen und auf dem Wagen zu verstauen.

Das alles gelang recht zufrieden stellend und während er sich mit abschließenden Arbeiten zu schaffen machte, verließen die anderen Arbeiter die Grube. Er blieb allein zurück samt Pferd und Wagen.

Da gab am oberen Rand der ungenügend gesicherten Grube die Erde nach, das Pferd scheute, er wollte es mit festem Griff am Zügel packen …

Doch dann rutschte der Boden unter beiden weg und eh er sich's versah, taten Mann und Gaul einen schweren unkontrollierten Sturz einige Meter in den ausgehobenen Abgrund. Der Gaul stürzte so schwer, dass er mit mehreren Knochenbrüchen tot liegen blieb, Heintz Reyter war jedoch mit beiden Beinen und Teilen des unteren Bauches unter das Pferd geraten, ihm blieb die Luft weg und er verlor auch die Besinnung.
Als er aus tiefer Ohnmacht erwachte, war es bereits Abend. Das tote Pferd lag auf ihm und er konnte sich aus dieser unglücklichen Lage um nichts in der Welt befreien. Er hatte keine Schmerzen mehr, fühlte nur Taubheit und Lähmung und ahnte, dass sein Ende näher rückte.
Die Schwere und Art seiner inneren Verletzungen lässt sich aus dem Bericht schließen, denn da heißt es, das Pferd habe ihn so hart gedrückt, »dass ihm das Blut zu Mund Nasen und Ohren aus geflossen«.
In einer Mischung aus hellem Bewusstsein, Verzweiflung, echtem Glauben und halluzinatorischem Denken und vielleicht auch in der Ahnung des nahen Todes fiel ihm die Jungfrau Maria ein.
»Gottesmutter, hilf mir doch!«
Fast zeitgleich mit der Anrufung war eine wundersame Frau »in scheinenden Kleidern« über

ihm. Die scheinenden Kleider beschreiben eine Maria, ganz in Weiß gewandet, hell, Licht spendend, strahlend wie die Morgensonne.

Tatsächlich sah er während der wunderbaren Madonnenerscheinung die gespenstische Szenerie hell ausgeleuchtet, sah das tote Pferd, sah sich selbst ... geradezu so, als wäre er gar nicht beteiligt, sondern ein interessierter Zuschauer!

Und Maria tat bei ihrer Erscheinung das, was sie stets zu tun pflegt: Sie richtete liebevoll und mit ruhigem Ton das Wort an denjenigen, der sie so innig gerufen hat.

»Was schreit er da?«

Das sagt sie ruhig, ja fast mütterlich und mit einem wohlwollenden Humor, der liebend versteht und damit bereits erste Voraussetzungen zur Heilung schafft.

»Was schreit er da?«, wiederholt sie und blickt dem Verunglückten in die Augen, mit so viel Liebe und Zuversicht, dass dieser jetzt schon ganz sicher weiß: Alles wird gut.

»Reiche her deinen Arm«, so redet sie weiter. Was für eine volle, warme und die Seele bergende Frauenstimme.

»Frau, es ist zu hoch hinauf und das Pferd liegt auf mir also tode.«

Da huschte gar der Anflug eines Lächelns über ihr Gesicht und aus dem tiefen Wissen um ihre

Macht und Heilkraft kamen auffordernd die Worte: »Reich her deine Hand!«
Allein das war schon ein Wunder, dass er den rechten Arm ausstrecken konnte, hin zu Maria. Oder war dies alles eine Halluzination des halb Toten, die er dann später, nach seiner wundersamen Rettung zu erzählen wusste?
Heintz Reyter reichte ihr tatsächlich die Hand und Maria griff sofort zu, mit Festigkeit und Entschlossenheit.
Über das nun Folgende kann weder Heintz Reyter noch die Quelle Genaueres berichten. Letztlich war er in dem Moment, da Maria nach seiner Hand griff, nicht nur aus der höllischen Lage befreit, sondern auch alsbald geheilt. Wörtlich wird die Gottesmutter zitiert: »Du bist auf dem Erdreich, geh hin gen alten Oeding und sage deine Erledigung. Lob Gott und sein Mutter Maria.«

Die Geschichte aus einem Mirakelbuch aus Altötting verbindet Rettungswunder und Wunderheilung.
Das Wunder der Heilung betrifft wohl schwere innere Verletzungen im Bauchbereich, lebensgefährliche Quetschungen und durch starken Druck eine ganz und gar unmöglich gewordene Blutzirkulation, wahrscheinlich im gesamten

Körper, die dann wieder einsetzte und offensichtlich ohne spätere Dauerschäden blieb.
Wer hat den Unglücklichen so fest gepackt und aus der Grube gezogen? Wer wollte, dass er noch weiterlebt und das alles berichtet, dass wir es heute lesen können?
Letztendlich doch Gott und seine Mutter Maria.

Vergebung als erster Schritt zur Heilung

Es waren einmal in Arras zu Belgien zwei Leierspieler, der eine hieß Itier, der andere Norman. Sie teilten Freud und Leid, waren gute Freunde, als jedoch Norman den Bruder des Itier erschlug, da wurden sie mit einem Schlage Todfeinde.
So kam das Jahr 1105 übers Land und mit ihm eine fürchterliche Pestepidemie. Was immer die hierbei bemühten Menschen, Ärzte, Heiler und auch Quacksalber zu unternehmen versuchten: Es misslang. Die Seuche waltete unerbittlich und versetzte auch die, die noch nicht mit ihren Beulen übersät waren, in Angst und Schrecken. Auch Norman und Itier waren da keine Ausnahme. Sie hatten, den Zeitumständen entsprechend, vor der Pestepidemie und deren gierigen Todeskrallen eine fürchterliche Angst.
Da geschah etwas Außergewöhnliches. Die Gottesmutter Maria erschien einem jeden von den beiden und riet dringend, sich zum Bischof der Stadt (der hieß Lambert) zu begeben. Dort würde der Betreffende dann das richtige Heilmittel

erfahren. Maria selbst würde anwesend sein und »das Heilmittel gegen das tödliche Siechthum kund geben«.

Norman kam an dem geoffenbarten Orte als Erster an. Er erzählte dem Bischof von dem Traum, der hielt das alles für Spinnerei und gab nichts darauf.

Dann kam jedoch auch Itier und erzählte aufgeregt dem Bischof Lambert, ohne von dem nahen Todfeinde Norman etwas zu ahnen, seine Geschichte.

Der Bischof zeigte eine durchaus sympathische, vielleicht in diesem Falle gottgewollte Geschwätzigkeit und plapperte vor Itier aus, dass er soeben von einem gewissen Norman dieselbe Geschichte gehört habe.

»Wie! Was! Norman?«, fuhr es aus Itier heraus, »der Mörder meines Bruders! Wo ist er? Ich bringe ihn um!« Die Art, wie er es sagte, machte deutlich, dass er es auch so meinte.

Der Bischof war als kundiger Seelsorger in Dingen des Glaubens und der Vorgehensweise der höheren Mächte klug und sehend genug, dass er schnell erkannte: Hier lag kein Zufall vor, sondern Fügung. Maria wollte offensichtlich die Kontrahenten aussöhnen und ein Wunder-Heilmittel gegen die Pest preisgeben.

Er versuchte nun, Itiers kaltblinden Hass zu bre-

chen, indem er ihn aufforderte, nach dem Beispiel des großen Erlösers zu vergeben.
»Vergeben! Vergeben soll ich dem?«
Itier blieb da fast die Luft weg vor Zorn. Doch dann wandelte er sich und mit großer Macht siegte die Liebe zu Christus. Er vergab seinem Feind aus ganzem Herzen. Allein das ist schon ein Wunder.
Der Bischof ahnte, dass diese Geschichte spannend bleiben würde und er, wenn Gott es zuließe, die Offenbarung des Wundermittels persönlich mitbekommen sollte.
Wörtlich vermeldet die Quelle: »Als sie so versöhnt waren, betraten sie mit Anbruch des bezeichneten Tages in Begleitung des Bischofs den Tempel.«
Alle drei, Norman, Itier und Bischof Lambert, sahen an der geoffenbarten Stelle im Tempel die Himmelskönigin, von wunderbarem Glanze umstrahlt, in der Hand eine brennende Kerze haltend, von der tropfenweise das von den Flammen gelöste Wachs niederquoll.
Dann verriet sie, wie angekündigt, das Mittel zur Bewirkung des Heilungswunders: »Die Heilige Jungfrau befahl nun, dass man diese Tropfen in Wasser auffange und dieses den Pestkranken zu trinken gebe.«
Der Bischof, Itier und Normann brachten dieses

Wasser auf der Stelle den Kranken, sie gaben ihnen davon zu trinken und, wie es wörtlich vermeldet wird, »von diesem Augenblicke an genasen Unzählige der von der Pest Befallenen«.

Diese wahre Heilungswundergeschichte offenbart vieles: Ohne Liebe, ohne Vergebung kann keine Heilung stattfinden. Und eben auch der Heiler selbst muss reinen Herzens sein. Sowohl Itier als auch Norman werden vom Zorn geheilt, aber auch von der Angst vor der Epidemie: Nichts ist so krank machend wie die Angst.
Maria lässt ein geweihtes Wasser herstellen, das im Umfeld eines starken Glaubens entsteht.
Wo? Am richtigen Ort, der hier Tempel genannt wird. All das hat etwas Magisches, trotz der christlichen Inszenierung.
Wasser bedeutet immer Taufe und Reinigung. Und Wasser fließt. Man muss das Heilungswissen, wenn schon die Gnade der Erkenntnis beschieden ist, weitergeben.
Heilen heilt!

Eine Valentinsreliquie befreit von der Fallsucht

Elisabeth lebte im 13. Jahrhundert, der Zeit des hohen Mittelalters also, der Zeit des Interregnums, des Niederganges klassischen Rittertums und Aufkommens der Raubritter; des großen Papstes Innozenz III., des Sängers Walther von der Vogelweide und auch des heiligen Franz von Assisi.

Die wohlgestaltete Frau mit edlem und intelligentem Profil stammte aus gutbürgerlichen Verhältnissen in der Nähe des Klosters Eberbach im Rheingau. Wie ihre Namensverwandte, die heilige Elisabeth aus Thüringen, war sie gut verheiratet, schenkte Kindern das Leben und liebte ihren Mann.

Mit den Jahren schlichen sich jedoch Anfälle von Schwindel in ihren Alltag und eine deutlich erkennbare Unsicherheit des Gehens und Stehens gewann Macht über sie. In der Öffentlichkeit konnte ihr Mann Albert diesen Mangel meist ausgleichen und auffangen, an dessen starkem Arm Elisabeth sich oft und gerne festhielt.

Ging sie jedoch allein oder arbeitete sie in Haus und Garten, dann wurde die Unsicherheit des Stehens augenfälliger und auch gefährlich: Sie hielt inne, schwankte – und stürzte.
Das geriet schließlich zu regelrechten Anfällen, die keiner erklären konnte und die den hilflosen Umstehenden wie eine schlimme Besessenheit vorkommen musste. Das arme Opfer stürzte immer wieder unvermutet zu Boden, wand sich in krampfartigen Anfällen, bis dann nach einiger Zeit wieder Stille in den gequälten Leib einkehrte.
Man suchte Hilfe bei einem Heiligen, doch es fand sich keiner, der an dieser eigenartigen »Fallsucht« etwas hätte zu ändern vermögen. Da geriet Albert durch Fügung an den heiligen Valentin. Von Heilungswundern des Valentin bezüglich der Fallsucht war bis dahin nichts bekannt, aber der klangvolle Name »Fall n(ich)t hin«, »Faln'thin« – klang das nicht ebenso wie Valentin?
Albert veranstaltete also eine Wallfahrt zum Kloster Eberbach im Rheingau. Dieses besaß damals schon ein Kopfreliquiar des großen Heiligen. Danach hieß es abwarten, was mit Elisabeth geschehen würde.
Und das Erstaunliche war: Es geschah nichts mehr. Elisabeth lebte wie zuvor, war eine lie-

bende Frau, fürsorgliche Mutter und gute Nachbarin.
Und blieb noch viele Jahre vorsichtig, wartete auf das Wiederauftreten der schlimmen Anfälle, denn man musste leider, wie die bittere Erfahrung lehrte, mit allem rechnen …
Doch die Anfälle blieben für immer aus. Elisabeth war geheilt für den Rest ihres Lebens. Das Klangbild Valentin – »Fall net hin« – war eben nicht nur Zufall, sondern Zeichen.

Wunder sind erfahrbar. Wenn der Mensch grundsätzlich anerkennt, dass es Wunder gibt, dass die Wirklichkeit nicht vom Menschen stammt – auch wenn dies so den Anschein haben mag –, sondern von einer übergeordneten Macht, dann ist der Weg zu einem wunderschönen Glauben offen. Und die kleinen Wunder des Alltags sprechen eine beredte Sprache.
Wallfahrten, zumeist auf Wunderwegen und Energiepfaden, zeigen die Wichtigkeit des Wunders und der Begleitumstände. Im Falle Elisabeths war eine Valentin-Reliquie ausschlaggebend.
Valentin, Bischof von Terni, erlitt 268/269 den Märtyrertod. Man errichtete über seinem Grab an der Via Flaminia in der Nähe von Terni sein Grab im 8. Jahrhundert. Irgendwann gelangte

die Kopfreliquie nach Eberbach im Rheingau, wo sie Elisabeth half.
Im 14. Jahrhundert entschloss sich der Abt, das Reliquiar ins nahe Kiedrich zu überführen. Die Valentin-Wallfahrten gelangten so zu immenser Blüte.
Der Heilige wird am 14. Februar (Valentinstag) gefeiert, dem Tag der Liebenden. Dargestellt sieht man ihn zumeist als Bischof mit Hahn, Krüppeln oder Epileptikern. Er ist Patron der Jugend, der Reisenden und der Imker; zuständig für gute Verlobung und Heirat; gegen Ohnmachtsanfälle, »fallende« Krankheit, Pest (vgl. Jakob Torsy: »Der große Namenstagskalender«. Freiburg i. Breisgau 1976).

Pater Pio hilft dem kleinen Matteo

Pater Pio, der legendäre stigmatisierte Wunderheiler aus San Giovanni Rotondo, verdankt seine Heiligsprechung im Jahre 2002 neben zahllosen Wundern, die er wirkte und die längst Legende sind, einem spektakulären, als Tatsache nachgewiesenen und von der Kirche anerkannten Heilungswunder aus dem Jahre 2000.

Matteo Pio Coella war ein aufgeweckter und fröhlicher Junge, der seinem Vater und seiner Mutter täglich zur Freude gereichte. Sicher, der Bub war oft sehr lebhaft – aber wie schlimm wurde es für die Eltern, als ebendiese Lebhaftigkeit und dazu auch die vor Lebensfreude strotzende Wildheit aus dem ehedem so fröhlichen Kerlchen gänzlich verschwunden waren!

Zunächst konnte man die Anzeichen nicht deuten, dann wurde Matteo so schnell wie nur möglich ins Krankenhaus eingeliefert.

»Gehirnhautentzündung!«, lautete die eindeutige Diagnose. »Eine besonders schwere sogar«, gab der Sprecher der untersuchenden Ärzte zu.

Es entwickelte sich die übliche grausige Dramaturgie, die dem Verlauf einer jeden schweren Krankheit einbeschrieben ist: Warten, Bangen, Hoffen, Nicht-Anerkennen ...

Die Eltern harrten am Bett, im Gang der Klinik standen sie und waren unfähig zu denken und zu handeln.

In dumpfer Apathie der bevorstehenden Katastrophe fristeten sie Tage, die kein Licht mehr kannten, und Nächte, denen sogar die Dunkelheit fehlte, kein Anfang und kein Ende schienen der Zeit mehr einbeschrieben.

Die Eltern fragten, rangen nach Auskunft, die Ärzte gaben genormte und diplomatische Antworten, leere Worthülsen, die den schmalen Grat zwischen Hinhalten, Lügen und Trösten widerspiegeln. Sie wussten längst, was der Oberarzt dann zu Matteos Vater sagte: »Unheilbar.« Mehr sagte er nicht, um die unausweichliche Wahrheit schlicht und ehrlich, auch respektvoll zu offenbaren und dem anderen die Möglichkeit zu geben, das Schicksal anzunehmen.

Die Eltern, strenggläubige Italiener, wussten nur eines zu tun, sie beteten. Oder besser, es betete in ihnen. Da sie kaum mehr Kraft hatten, kam ihnen der lebenslang eingeübte Automatismus des Betens sehr zugute. Silvio und Francesca beteten rund um die Uhr.

Besonders zu Pater Pio wandten sie sich, denn beide Eheleute verehrten den schon zu Lebzeiten charismatischen Kapuziner, der damals in Italien und auf der ganzen Welt längst berühmt war für seine oft erfolgreiche Fürsprache bei Gott.

Zunächst geschah nichts.

Dann, urplötzlich besserte sich der Zustand von Matteo, entgegen aller medizinischen Diagnosen.

Die Schöpfung Gottes hat andere Rahmenbedingungen, die mit den Aussagen der Schulmedizin oft nichts zu tun haben.

Als Matteo wieder den normalen Bewusstseinszustand erlangt hatte, kehrte auch seine Lebendigkeit zurück. Er war aufgeweckt wie eh und je, aber irgendetwas hatte sich in ihm verändert. Und er sprach beständig von einem alten Mann mit weißem Bart.

Immer und immer wieder. »Ein alter Mann war da«, so berichtete der Junge, »mit einem halblangen weißen Bart …«. Auch an durchdringende, aber gütige Augen konnte er sich erinnern.

Das konnte nur Pater Pio gewesen sein.

Pater Pio war bereits zu seinen Lebzeiten ebenso anerkannt wie umstritten. Er kam im Jahre

1887, also noch im neunzehnten Jahrhundert, in dem Dorf Pietrelcina bei Neapel als Sohn eines Bauern zur Welt. Dementsprechend war sein geistiger Werdegang, vor allem ein angeborener tiefer Glaube, der ganz von der Bedingungslosigkeit des religiösen Empfindens, ja geradezu kindlichen urkatholischen Direktheit des kleinen italienischen Dorfes der damaligen Zeit geprägt war.

Francesco Forgione, wie er mit bürgerlichem Namen hieß, trat dann im Alter von sechzehn Jahren in den Franziskanerorden ein und wurde 1910 zum Priester geweiht.

Es sollte nicht lange dauern, dann wechselte er ins Kloster San Giovanni Rotondo und gehörte dort dem franziskanischen Reformorden der Kapuziner an, die immer schon wegen ihrer tiefen Mystik, dem radikalen Gebot der Armut und Enthaltsamkeit, ja sogar durch einen innerkirchlichen Okkultismus auffielen.

Die Legende berichtet von Pater Pio, dass er bereits in den ersten Priesterjahren von jenem unerklärlichen Faszinosum heimgesucht worden sei, das auch Franz von Assisi auszeichnete: die Stigmata, die Wundmale Jesu Christi.

Im Jahre 1918, damals einunddreißig Jahre alt, erlebte der junge Pater eine himmlische Erscheinung, nämlich Jesus Christus selbst, der

ihm als ein an Händen und Füßen blutender, geschundener Mann erschien.
Das Leben Pater Pios zu beschreiben hieße Bücher füllen.
Viele Heilungswunder fanden Anerkennung, vieles wurde abgestritten, nicht nur aus Skepsis, sondern auch aus Neid. Pio war auf seine Weise zu Lebzeiten schon ein Star. Ein Dokumentarfilm zeigt jedoch, dass er sich aufdringliche Gläubige mit dem Strick der Mönchskutte vom Leibe halten musste.
Zudem hatte Pio die Gabe der Bilokation: Er konnte aus seinem Körper heraustreten und anderswo erscheinen.
Die »Anbeter waren stärker als die Ankläger«, wie sich die Süddeutsche Zeitung anlässlich seiner Heiligsprechung ausdrückte. Und in dem für Wunder, insbesondere Heilungswunder sehr aufgeschlossenen Papst Johannes Paul II. fand Pio einen wohlwollenden Förderer. So wurde er, der viele Sanktionen des Vatikan hatte aushalten müssen, im Jahre 2002 heilig gesprochen. Und das anerkannte Heilungswunder des kleinen Matteo bildete dafür die Grundlage.

Der heilige Leonhard erlöst eine Todgeweihte

Maria Anna Carpineti hatte nicht mehr lange zu leben. Und sie wusste es. Genauer, die Angehörigen wussten es, denn Maria Anna befand sich nunmehr in einem Stadium, das keine Bewusstheit mehr zuließ.

Sie konnte weder beten noch hadern noch Abschied nehmen. Sie lag in Agonie und es ging mit ihr dahin, wie man so sagt.

Der sie behandelnde Arzt stellte »anämisches und ikterisches Fieber« fest, darunter versteht man die gefährliche, nämlich die tropische Form der Malaria.

Das bösartige Plasmodium hatte sich in ihrem Körper festgesetzt und rasch vermehrt. Sie lag da, apathisch, auf ihrer edlen und glatten Stirn hatten sich die Schweißtropfen wie der kalte Tau des Todes formiert. Aus dem Gesicht war nun jedwede Farbe gewichen, schneeweiß glänzte das blicklose Antlitz. Anna Maria, vordem eine wunderschöne Frau, sah längst einer Toten ähnlicher als einer Lebenden.

»Lethargisches Fieber«, diagnostizierte der Arzt am Krankenbett und ließ resigniert beide Hände auf die Bettkante sinken. In dem redlichen Mann machte sich jenes Gefühl der wahren Ohnmacht breit, das jeder gute und gottgläubige Arzt kennt. Es ist das sichere Gefühl, dass an einem bestimmten Punkt die Medizin zu Ende ist und jetzt das alleinige Walten Gottes einsetzt.

Nur um etwas zu sagen, sprach er vor sich hin: »Nur ein Wunder …«

Und er schloss seine altmodische lederne Arzttasche, die schon so viel erlebt hatte, Freud und Leid, aber eigentlich mehr Leid als Freud.

Man muss wissen, dass diese bei uns seltene tödliche Krankheit nur durch chinesische Hasenohrwurzel zu heilen ist, die es damals in der näheren Umgebung nirgendwo gab. Der Arzt wusste, dass nun bald ein Herzversagen dem ganzen traurigen Szenario ein Ende setzen würde.

Genau zu dem Zeitpunkt, da die Hoffnungslosigkeit ihren Höhepunkt erreichte, berichten anwesende Zeugen von unvermuteten und abrupten Bewegungen der Anna Maria …

Die Todgeweihte drehte den Kopf, was eine Zeugin, eine nahe Verwandte nämlich, die im Sterbezimmer anwesend war, als letzten Todeskampf deutete.

Aber da!

»Da sah ich mit einem Mal, dass sie anfing, mit dem Mund Sprechübungen zu machen« (zitiert nach Schamoni, a. a. O., S. 137).
Weiter wird berichtet: »Sie schien etwas sagen zu wollen, was ich jedoch nicht verstand, so wenig wie die anderen, da sie eine geschwollene Zunge hatte, auch fing sie an, die Hände zu bewegen.«
In dem Bericht, der sich aus vielen verbürgten Zeugenaussagen zusammensetzt, wird im Folgenden klar, dass diese ersten Regungen der Todkranken nichts anderes waren als der Beginn eines Heilungswunders.
»Der Strick! Der Strick!«, so soll sie immer und immer wieder gesagt haben. Sie hob die Hände gen Himmel und verlangte beständig einen Strick. Man gab ihr, um den vermeintlich letzten Wunsch anstandslos zu erfüllen, eine Kordel in die Hand. An derselben zog Anna Maria sich hoch ... und war gesund.
Dann berichtete sie, der selige Leonhard sei auf zwei Wolken zu ihr herabgestiegen und er wäre mit absoluter Sicherheit zwei Spannen über ihrem Bett schwebend sichtbar, fühlbar und heilend tätig gewesen.

Das Wunder steht nicht im Widerspruch zur Natur – so hat es der heilige Augustinus einmal wunderbar ausgedrückt –, doch es steht im Widerspruch zu unserem Wissen von der Natur. Was letztendlich die Heilung bewirkt hat, das kann und vermag keiner zu sagen. Fest steht: Nach dem Wissen (und auch der Erfahrung) der Schulmedizin verläuft dieses Malariafieber immer tödlich.

»Das Fieber fing mit einer großen Mattigkeit an«, so berichtet die Geheilte später selbst und sie erzählte immer wieder, dass der Pfarrer Don Dominikus Maria Pini ihr ein geweihtes Öl verabreichte und beständig betete.

Über die Wichtigkeit von geweihtem Öl und die damit oft unterschätzte Rolle von Sakramentalien hat sich Pater Frumentius oft sehr positiv und gleichsam zum Respekt mahnend ausgesprochen:

»Die Sakramentalien haben den Vorteil, dass wir sie ständig zur Verfügung haben. […] Geradezu als ein Wundermittel, vor allem bei Krankheiten, darf man getrost geweihtes Olivenöl bezeichnen. […] Nach einer frommen Legende durfte Adam aus dem Paradies einen Ölzweig mitnehmen. Das ist kein Märchen: diese Legende enthält einen echten Wahrheitskern.«

Es scheint mit von großer Wichtigkeit, dass dies Heilungswunder von einer klassischen Vision,

einer deutlichen Erscheinung des heilenden Heiligen, begleitet war.
Der betreffende heilige Leonhard von Porto Maurizio wurde am 20. Dezember 1676 im heutigen Imperia an der liturgischen Küste geboren, wirkte als Volksmissionar und errichtete über fünfhundert Kreuzwege. Er starb 1751.

Die heilende Reliquie von Pater Rupert Mayer

Seit dem Jahre 1948 liegen in der Bürgersaalkirche in München die Gebeine des seligen Pater Rupert Mayer.
Das Wunder, das zu dessen Seligsprechung führte, ist aufs Genaueste nachvollziehbar und beweisbar. Es handelt sich um einen der seltenen Fälle, bei denen die Person, die das Wunder erfahren durfte, noch lebt und gerne darüber berichtet. Der Redakteur Andreas Schaller hat in einem Interview der Münchner Kirchenzeitung vom 4. Mai 1997 den Aufsehen erregenden Fall akribisch dokumentiert:
Dr. Siegfried Ernst, ein heute pensionierter Arzt aus Ulm, ist der Mann, an dem ein Wunder geschah und der sich in der seltenen Lage befindet, Anlass zur feierlichen Seligsprechung des Paters am 3. Mai 1987 im Münchner Olympiastadion gewesen zu sein.
Der lebensbejahende, sympathisch lächelnde Arzt, der zum katholischen Glauben übergetreten ist, berichtet auf die Frage von Andreas

Schaller über den genauen Zeitpunkt dieser Heilung: »Das war 1978. Am 18. März, zwei Tage vor Palmsonntag, ergab eine Röntgenuntersuchung in der chirurgischen Klinik in Ulm, dass ich Magenkrebs habe. Zum Glück hatte der damalige Röntgenologe aber eine Fehldiagnose gestellt ...«

Und nun holt der geheilte Mann Luft und schildert mit seinem untrüglichen Wissen als Arzt den katastrophalen damaligen Zustand seines Körpers und seiner Gesundheit.

Dabei sei es ein großes Glück gewesen, dass nur der Magen untersucht wurde. Denn das tödliche Krebsgeschwür war in einem solch finalen und damit todbringenden Stadium, dass wohl kein Arzt der Welt mehr Sinn in einem Eingriff gesehen hätte: »... denn ich hatte nicht nur Magenkrebs. Das Geschwür war bereits in der Größe eines Fünf-Mark-Stückes bis zum Dickdarm durchgewachsen. Sogar hinter der Milz befanden sich Metastasen. Mit einem genauen Röntgenbild des Dickdarmes wäre ich wohl gar nicht mehr in den OP gekommen.«

Nun kann das wahre Wunder an dem Todkranken, der nach eigenen Angaben nur noch eine Lebenserwartung von drei Monaten gehabt hätte, wirkend eingreifen.

Gottes Werkzeug dazu ist ein Nichtmediziner,

der Leiter des Pflegedienstes im Operationsbereich, Herr Arthur Böhm, der dem operierenden Professor zu dem äußerst gefährlichen Eingriff zurät – trotz aller Bedenken.
Böhm ist ein großer Verehrer von Pater Rupert Mayer. Er ist sich auch ganz genau im Klaren, was er tut, als er heimlich während der Operation eine Reliquie von Rupert Mayer auf den OP-Tisch legt!
Keiner weiß von dieser versteckten Aktion, weder der operierende Professor noch die Assistenten, Schwestern – wirklich keiner. Auch der Patient, der von einer schweren Narkose tief betäubt auf diesem kalten Stahltisch liegt, natürlich nicht.
Zu seinem damaligen Zustand sagt er wörtlich im Interview mit Andreas Schaller: »Man hatte mich eigentlich schon aufgegeben. Keiner gab mehr fünf Pfennige für mich. Die zweite Operation ging haarscharf an der Grenze des Möglichen vorbei.«
Damit nicht genug, jetzt kam ein schweres Lungenödem dazu. »Ich bin erstickt und lag drei Tage im Koma«, so erzählt er wörtlich.
Die Lunge des ohnehin schon so hoffnungslos Schwerkranken war voll Wasser. Mühselig wird die Flüssigkeit entfernt.
Dann, allerdings, geht es nur noch aufwärts.

»Ich hatte nie das Gefühl, dass ich wieder gesund werden müsse. Dem evangelischen Krankenhausseelsorger hatte ich damals gesagt, dass mein Leben mir vorher nicht gehört hat und es mir auch jetzt nicht gehöre. Der Herrgott sollte machen, was er will!«

Der Herrgott soll machen, was er will.

Vielleicht ist es genau diese Grundeinstellung, diese echte Demut, die den Arzt gesunden ließ? Wir wissen es nicht. Erst sieben Jahre später, als vollkommen gesunder Mensch, erfährt er die Sache mit der Reliquie …

Die Tatsache einer Wunderheilung hat in diesem Fall des Augsburger Arztes Dr. Ernst den höchst denkbaren Grad von Dokumentation. Denn der Krankenpfleger, der durch die Reliquie das Wunder unterstützte, ging später mit allen medizinischen Unterlagen zum Professor, der damals bei der aussichtslosen Operation das Messer geführt hatte.

Und er fragte den angesehenen und höchst erfahrenen Mediziner geradeheraus nach einer Bestätigung der Tatsache, dass diese Wunderheilung medizinisch nicht erklärbar sei!

Er bekam die Bestätigung sofort. Schriftlich. Genau erinnerte der Professor sich an den Fall: »Vollkommen unmöglich. Mir ist das alles ein Rätsel«, so sprach er.

Wörtlich berichtet Doktor Ernst weiter: »Er [der Professor] bestätigte dies in einem Zeugnis. Schon als ich mich nach meiner Genesung bei ihm bedanken wollte, hat er gesagt, dass es ein Wunder sei.«
Der Redakteur Andreas Schaller: »Was hatte Herr Böhm mit den Unterlagen gemacht?«
Doktor Ernst: »Er hat sie nach Rom zur Kongregation für die Selig- und Heiligsprechung gebracht.«

Dieses Heilungswunder wurde in Rom von einer zuständigen Kongregation auf Herz und Nieren geprüft. Sogar italienische Chirurgen saßen damals in der Kongregation.
Herr Doktor Ernst, der aus einer alteingesessenen evangelischen Ulmer Familie stammt, ist nach dieser Heilung zum katholischen Glauben übergetreten.
Auch Pater Frumentius geht in seinem geheimen Archiv auf dieses Wunder ein: »Wenig bekannt dürfte sein, dass im Seligsprechungsprozess für P. Rupert Mayer das Objekt des Wunders ein evangelischer Christ war, der am Ende der Siebzigerjahre hoffnungslos an Magenkrebs in einem bedrohlichen Stadium erkrankt war und plötzlich auf die Anrufung dieses Münchener Aposteles [sic] gesund geworden

war. Der betreffende Herr ist seit den dazwischenliegenden etwa zwölf Jahren [das Manuskript des Pater Frumentius stammt aus dem Jahre 1994] immer noch aktiv und tritt in der Öffentlichkeit auf.«

Frumentius erklärt die strengen Maßstäbe der Kirche, die zur Anerkennung eines Heilungswunders führen, dann selber:

»Selbstverständlich werden heute bei der Untersuchung eines Wunders erheblich strengere Maßstäbe als früher angelegt. Und wenn sich bei einem Heilungswunder ein Arzt findet – mag er auch Atheist sein –, der begründet die Behauptung aufstellt, dass der Heilungsprozess natürlich erklärbar sei, muss der betreffende Fall als nicht relevant ausscheiden.«

Der liebende Vater

Nördlich von Neapel sieht man einen Bergkegel aufragen, von dessen Höhe ein römischer Jupitertempel weit ins Land schaute. Die Energie des Ortes ist unglaublich. Und so verwundert es nicht, dass dieser Ort schon immer als Kultplatz benutzt worden war.

Im Jahre 529 bestieg ein Wanderer den magischen Berg. Von diesem Tag an konnte man zusehen, wie der Jupitertempel abgetragen wurde und eine christliche Kapelle entstand. Zugleich richtete der geheimnisvolle Mann in einem römischen Befestigungsturm seine schlichte Zelle ein.

Sowohl die Zelle als auch die kleine Kapelle sollten Ausgangspunkt einer weltumspannenden und das Abendland prägenden Bewegung werden, nämlich des Benediktinerordens, der sich vor allem durch die Stabilitas Loci (Bleiben an einem Ort), durch das Losungswort »Ora et Labora« (Bete und arbeite) und durch ein Regelwerk hervortut, das heute noch in Manager-

seminaren großer Firmen erfolgreich Anwendung findet.
Der Mann, der dies bewirkte und im Jahre 529 den berühmten Monte Cassino bestiegen hatte und von dem das folgende Heilungswunder verbürgt ist, war Benediktus, der 480 in dem umbrischen Städtchen Nursia zur Welt gekommen war. Dieser Benediktus von Nursia wird ganz zu Recht der Vater des abendländischen Mönchtums genannt.
Als eines Tages, so erzählt Gregor M., der heilige Benedikt mit den Brüdern auf das Feld gegangen war, um dort seine Arbeit zu verrichten, wurde er durch wildes Durcheinanderschreien ganz in seiner Nähe aus den Gedanken gerissen.
Er hörte verzweifelte Zurufe und kurze Antworten, sich im blauen Himmel verlierende Wortfetzen, die wie vom Winde über die Landschaft getragen wurden. Zunächst kümmerte er sich nicht weiter darum, da er zu sehr mit der eigenen Arbeit beschäftigt war.
Die Schreie kamen von einem Nachbarfeld, das aber durch einen sanften Hügelzug von Benedikt und dessen Begleitern getrennt war.
Das laute Rufen hatte eine tragische Ursache: Denn dort auf dem Feldrain hinter dem Landschaftshügel lief ein Bauer hin und her wie von

Sinnen und trug den Leichnam seines kleinen Sohnes in den Armen.
»Wo ist Benedikt?«, rief der Mann mit sich überschlagender Stimme. Die angesprochenen Mönche sahen ihm an, dass der Verzweifelte kurz davor war, den Verstand zu verlieren.
»Benedikt ist mit einigen Brüdern auf dem Feld«, schrien sie wahrheitsgemäß zurück, denn sie wussten nicht genau, wo sich ihr Meister befand.
»Ich muss ihn sehen, muss ihn sprechen!«, rief der verzweifelte Vater gellend, immer den kleinen leblosen Sohn in den Armen.
»Das Sicherste ist, du kommst am Abend zur Klosterpforte«, antworteten sie, »denn er kehrt wie wir zur Vesper zurück!«
Sie nannten die Stunde. Doch der Mann wollte nicht so lange warten. Was hatte er zu verlieren, da sein einziges Kind tot war! Was konnte er noch falsch machen? Er legte den Leichnam einfach vor der Klosterpforte ab.
Dann rannte er wieder los, um Benedikt doch noch vor der verabredeten Stunde zu finden.
Und tatsächlich! Durch Gottes Fügung ergab es sich, dass er dem vom Felde heimkehrenden heiligen Manne begegnete.
Die Quelle berichtet wörtlich: »Benedikt kehrte mit den Mönchen eben vom Felde zurück, als er

dem Bauern begegnete, der im Uebermaße seines Schmerzes beständig schrie: ›O heiliger Benedikt, gib mir mein Kind wieder!‹«

Die überlieferte Antwort des Benedikt mag einigermaßen überraschen, sie erinnert in ihrer schnellen Logik, die situationsbedingt fast schon etwas Provozierendes hat, an die klugen und logischen Antworten von Jesus im Neuen Testament: »Habe ich dir dein Kind genommen?«, so fragte er.

Darauf der verzweifelte Bauer: »Mein Kind ist gestorben und du sollst es wieder zum Leben erwecken.«

Diese Rede verwirrte den heiligen Mann sehr. Er herrschte den armen Bauern an: »Geh von hinnen, diese Macht habe ich nicht! Sie steht nur den heiligen Aposteln zu!«

So schroff solch eine Reaktion des Benedikt gewesen sein mag, der Vater des toten Kindes hatte die Macht dessen, der nichts mehr verlieren kann. Er ließ darum nicht ab von seinem Anliegen. Besitz ergreifend krallte er sich am Habit des Ordensgründers fest und stammelte, er werde nicht eher gehen, bis dass etwas geschehen sei. Irgendetwas …

Benedikt reagierte gelassen in der Art des großen Menschenkenners. Er nahm dies Benehmen nicht als Aggression oder persönlichen Angriff, sondern verstand den dahinter liegenden Schmerz.

»Wo ist der Leichnam deines Kindes?«, fragte er nun.

»Hier, ganz in der Nähe, vor der Pforte deines Klosters!«

Wortlos suchte Benedikt den betreffenden Platz auf, es war ein ganz besonderer Ort vor der Pforte. Der Heilige erkannte sofort die Besonderheit des rechten Augenblicks, vielleicht schaute er gar alles, was kommen sollte, in einer Vision?

Benedikt trat ganz nahe an das tote Kind heran. Der alte Text schildert mit auffallender Akribie eine genaue Abfolge von Handlungen, Bewegungen, Ritualen, die deshalb wörtlich wiedergegeben sein sollen: »Der Heilige verfügte sich nun an diesen Ort, warf sich auf die Knie, beugte sich über den Leib des Kindes und erhob, sich wieder aufrichtend, die Hände gen Himmel, indem er betete: ›O Herr, sieh nicht meine Sündhaftigkeit, sondern den Glauben dieses armen Mannes, der mich bittet, dass ich sein Kind zum Leben erwecken solle; gib diesem Leib die Seele wieder, die du ihm genommen.‹«

Dann blieb für etwa eine Sekunde, die so lange wie eine Ewigkeit sein kann, die Szene gespenstisch still. Keiner der Umstehenden, ebenso wenig der Vater, konnte hinterher sagen, wie viel

Zeit vergangen war, denn Zeit spielte keine Rolle mehr.
Da!
Ein Zucken lief durch den kleinen Körper, dann folgten langsame, sehr bedachte Regungen. Nach und nach kehrte in alle Glieder das frische Leben zurück. Der Knabe richtete sich auf, schaute Benedikt in die Augen, rieb sich die eigenen Äuglein, als wolle er den Schlaf vertreiben, und lächelte.
Benedikt nahm ihn liebevoll an der Hand und führte das Kind dem Vater entgegen.

Der vorliegende Text verrät sicherlich mehr als nur die legendenhaft wiedergegebene Totenerweckung eines Knaben, die an die Wunder von Jesus bei Lazarus, auch an dessen eigene Auferstehung erinnert. Vielen Heiligen werden ähnliche Taten nachgesagt.
Wichtig ist hier auch die Urrolle des Vaters: Benedikt, der Ur-Abt des Ordens, die Leitfigur eines Vaters, hat er den verzweifelten Vater mehr verstanden, als er sich durch seine Antworten anmerken ließ? Die Taten sind entscheidend.
Ora et labora.

Don Bosco heilt ein blindes Mädchen

Es war ein Samstag im Mai des Jahres 1869. In der Sakristei der Mariahilfkirche von Turin erschien in der Begleitung ihrer Tante Anna und der Lehrerin Areto das Mädchen Maria Stardero aus Vinovo.

Die Kleine war schon seit den frühen Tagen der Kindheit von einem schlimmen Augenleiden heimgesucht. Zunächst wunderten die Eltern sich, dass ihre Tochter, mit einer vermeintlichen Tapsigkeit, die Dinge um sie herum nicht erkennen konnte, falsch deutete oder immer wieder daneben griff. Dann wurde bald klar, dass das zierliche Geschöpf zunehmend die Sehkraft verlor und unaufhaltsam erblindete.

Aus den Augen des Mädchens wich nun jede Präsenz und Strahlkraft, das hübsche Kind mit ehedem großen strahlenden Augen bekam den bekannten leeren Gesichtsausdruck, der erkennen lässt, dass jener vom Schicksal geprüfte Mensch zwar mit hellwachen Sinnen lebt, aller-

dings ohne seine Umwelt optisch zu registrieren.
Lange vor der Pubertät war Maria erblindet und damit so hilflos im Alltag, dass sie sich nur innerhalb der eigenen Wände des vertrauten Elternhauses frei bewegen durfte und konnte, ohne dabei an der Hand geführt zu werden. Außerhalb des Hauses musste ständig jemand an ihrer Seite bleiben und sie beschützend bei der Hand nehmen, sonst wäre ihr so junges Leben in dauernder Gefahr gewesen!
Im Mai ebenjenes Jahres 1869 wartete das Mädchen mit ihren beiden Begleiterinnen in der Mariahilfkirche auf Don Bosco. Der erschien auch bald und verwickelte die Kleine in einen eigenartigen Dialog, der aus vielen Fragen und Antworten bestand:
»Seit wann kannst du nicht mehr sehen?«
»Wohl etwa ein Jahr.«
Dann fragte er die Tante nach den behandelnden Ärzten und den näheren Umständen der Augenkrankheit und den bisherigen Heilungsversuchen.
Nach vielen weiteren Fragen ließ er dem blinden Mädchen die Augenbinde abnehmen. Er führte Anna an ein Fenster, durch das der helle Schein der Sonne in den sakralen Raum drang. Sie reagierte nicht und sagte nichts. Dann wiederum

stellte er sie vor eine dunkle Mauer in der Kirche. Keine Reaktion, weder auf Licht noch auf Schatten.

Daraufhin wurden Don Boscos Aktionen noch unerklärlicher. Der begnadete Mann kramte in seiner Tasche und zog eine silbrige Marienmedaille heraus.

»Was ist das!«

Er hielt die Medaille so, dass Maria sie sehen hätte können, wenn sie dazu in der Lage gewesen wäre.

Bevor das Mädchen antworten konnte, mischte die dominante Tante sich eilfertig und mit aufdringlicher Fürsorge ein: »Sie kann doch nichts sehen!«, sagte sie streng.

Doch da sollte sie nicht Recht behalten.

»Eine Marienmedaille«, sagte Anna, die gezielt auf das kleine blinkende Metallstück in Don Boscos Händen blickte. Fast sang sie diese Feststellung, so sehr war sie vom Augenblick fasziniert.

Das liebenswerte Geschöpf hatte ihre schönen Mädchenaugen, die eben noch stumpf und von milchigem Weiß ins Leere, ins Unendliche wiesen und die sie, ihrer Funktion beraubt, zumeist geschlossen hielt, nun weit aufgerissen und fixierte die Medaille.

»Ich kann sehen!«, schrie sie wie von Sinnen.

Don Bosco reagierte kaum auf das Geschehene. All das, was er hier in der Sakristei erlebte, schien ihn gar nicht weiter zu wundern.
Er drehte die Medaille zwischen den Fingern um und fragte das Mädchen erneut: »Was siehst du jetzt?«
»Ich sehe den heiligen Josef mit einem blühenden Stab in der Hand.«
Nun, im Überschwang der Freude, wollte das junge Ding nach der wundersamen Medaille greifen. Diese fiel jedoch zu Boden und kullerte in eine dunkle Ecke der Sakristei.
Als das Mädchen sich anschickte, sie aufzuheben, griff wieder die Tante ein: »Lass nur, das mache ich für dich! Du wirst sie nicht finden!«
Doch schneller, als die Tante schauen konnte, hatte Maria sich gebückt und das silbrige Plättchen unter einer Bank hervorgeholt. Das Erstaunen aller war grenzenlos. Don Bosco lächelte nur.
Da war auch für die begleitenden Tanten jeder Zweifel beseitigt.
»Sie kann sehen! Maria hat das Augenlicht wieder erlangt!« Sie sangen geradezu diese Feststellung mit hochtonigen Stimmen, so groß war ihr ehrliches Erstaunen.
Und Maria bestätigte: »Ja, ich kann alles sehen, die heilige Maria hat dieses Wunder bewirkt!«

Und sie sah fröhlich in die Runde und begegnete jedem mit festem Blick, mitten in die Augen hinein.

Interessant an dieser wahren Geschichte ist die Rolle des Zweifelnden, in diesem Falle der begleitenden Tante. Oft sind es auch Eltern, die sich selbst für besonders liebevoll halten, die indes durch ihre dominante Fürsorge (»Ich mein's doch nur gut mit dir!«) den Schützling vor allem bewahren – leider oft auch vor dessen Wohlergehen. Und viele ehemals Kranke oder Behinderte, die wundersam geheilt wurden, können hinterher berichten, dass sie die notwendigen Schritte eher gegen den Widerstand lieber Angehöriger als mit deren Unterstützung unternommen haben.
Denn der Kranke trägt stets eine Familienlast, nimmt die Bürde aller auf sich, in dem Falle die Unein-Sichtig(!)keit, die sich in der Blindheit des unschuldigen Mädchens niederschlägt. Sicherlich hat Don Bosco durch sein Wissen, seine Intuition, seine Fragen das Umfeld durchschaut.
Er war seiner Zeit weit voraus. Heute populär gewordene Familienaufstellungen, die solche Lasten sichtbar machen, geben Hinweis auf ein Einweihungswissen, das diesem großen

Manne durch sein heiligendes Leben geschenkt war!
Johannes (Giovanni) Don Bosco lebte von 1815–1888. Er war Priester, Pädagoge und Ordensgründer und wurde Apostel der Jugend genannt.
Dreißig Kilometer östlich von Turin als Sohn eines Kleinbauern geboren, hatte er sehr früh schon den Entschluss gefasst, Priester zu werden. Giovanni zeichnete sich aus, ja wurde zur Legende durch seine unaufdringliche Frömmigkeit, sein ungeheuerliches Charisma und dieses außerordentliche Einfühlungsvermögen. Zahlreiche Wunderheilungen gehen auf sein Konto, Pater Frumentius erzählte sogar von einer beglaubigten Totenerweckung eines Knaben.
1859 gründete Don Bosco die Priesterkongregation »Salesianer Don Boscos«. Er ist zu Recht Vorbild aller Erzieher. Sein Festtag: der 31. Januar.

Der gerettete Salesianer

Das Schreiben über Wunder verläuft selbst oft wundervoll! An der Ausleih-Theke des Kirchenarchives in der Karmeliterkirche wurde ich mit dem Salesianerpater Martin Haunolder bekannt. Da ich von meiner Arbeit »Wahre Wunderheilungen« erzählte, schlug mir der freundliche und aufgeschlossene Geistliche vor, das zur Seligsprechung des Salesianers Artemide Zatti zugrunde liegende Heilungswunder mit zu veröffentlichen. Eine Woche später erreichten mich per Post die Unterlagen aus dem Salesianerzentrum in Regensburg.
»Der 15. März 1951 war ein gewöhnlicher Donnerstag«, so vermeldet die alte Schrift. »Doch alle Geschäfte, Gaststätten und Betriebe der argentinischen Hafenstadt Viedma am Nordufer des Rio Negro mit ihren zwölftausend Einwohnern waren geschlossen«, weiß der unveröffentlichte Text weiter zu berichten.
Was war wohl der Grund für diese Feiertagsstimmung am Rio Negro? Die gesamte Stadt

war damals auf den Beinen, um einem hervorragenden Manne die Ehre zu geben, der über vierzig Jahre lang ein Leben geführt hatte, das in letzter Konsequenz zur Seligsprechung führen kann. Und so war es auch. Der so sehr geliebte Verstorbene hatte immer während seine Kräfte für Arme und Kranke eingesetzt, hatte mit einer nur durch Gottes Gnade möglichen Glückshand das Krankenhaus am Rio Negro geleitet, liebevoll beseelt und auch noch ausgebaut. Während der späteren Jahre seines irdischen Wirkens und Schaffens nannte das Volk ihn respektvoll den »heiligen Doktor«.

»Die Vorsehung ist reich. Sie sorgt für alles«, das war sein Spruch, wenn es wieder einmal nicht weiterging. Was geschah dann? Es ging doch weiter. – Das wundert keinen, der an Gott glaubt.

Der spektakulärste Heilungserfolg des geliebten Paters war derjenige an dem jetzigen Provinzial der salesianischen Ordensprovinz von Rosario in Argentinien. Es handelt sich bei dem Geheilten um Don Carlos Bosio, geboren am 25. Mai 1955 in Colonia Vignaud (Cordoba).

Es war ein sonnendurchstrahlter, einladender Tag. Während eines Ausfluges am 2. März 1980 fasste der junge Mann sich auffallend oft an den Bauch und krümmte sich daraufhin unter heftigen Schmerzattacken.

»Was tut dir weh? So sag doch!«, mahnte ein Mitbruder.

Die Antwort blieb aus, so sehr quälte Bruder Carlos zu diesem Zeitpunkt bereits sein gesamter Bauchraum. Man erkannte die Gefahr sofort. Unverzüglich brachte man ihn in ein kleines Krankenhaus in unmittelbarer Nähe.

»Blinddarmentzündung!«, diagnostizierte der Dienst habende Arzt. Diese Tatsache schien als Anlass ernst genug, um Carlos umgehend nach Bahia Blanca zu überführen. So schnell wie möglich erfolgte dort eine Notoperation wegen der akuten und sich minütlich verschlimmernden Blinddarmentzündung.

Nun war zum Glück die Operation gelungen und ein kurzes Aufschnaufen möglich, doch bald stellten sich lebensbedrohende Schwierigkeiten ein! Denn der postoperative Verlauf »nahm gefährliche Formen an«, wie die Vorlage sich ausdrückt.

Der Zustand von Carlos verschlechterte sich dramatisch; er wurde nun in das besser ausgestattete Krankenhaus von Buenos Aires gebracht. Man schrieb den 11. März, als er dort Aufnahme fand.

Endlich Besserung! – Keineswegs, nur ein kurzes Zwischenspiel einer allzu schnell vorüberfliegenden Scheingenesung. Denn es sollte noch

schlimmer kommen: Komplikationen am Rippenfell und an der Lunge, die den ehedem schon widerstandslosen Körper traktierten.
Das Fortschreiten einer nie ganz überwundenen Blutvergiftung hatte nun auch den linken Lungenflügel erfasst. Man entschloss sich, eine gefährliche Lungenpunktation durchzuführen. Und es war mehr als beängstigend, wie viel Eiter aus dem geschundenen Organ floss, wo sich ein so genanntes Lungenemphysem gebildet hatte.
Der Schwerkranke wand sich in der Hitze des Fiebers. Seine Mitbrüder waren bei ihm, hörten die zusammenhanglos dahingestammelten Sätze und Satzfetzen, die der Patient, besinnungslos und längst an der Schwelle des Todes, von sich gab.
»Er hatte Halluzinationen. Einmal wandte er in einer Nacht den Kopf zur Seite«, so erzählen Augenzeugen von damals, »und er grüßte Pater Lagaus, der gar nicht da war!«
Den katastrophalen Zusammenbruch aller lebenserhaltenden Kräfte – Don Carlos Bosio war inzwischen schon mehr tot als lebendig – gibt der damalige Eintrag im Patientenbogen wieder: »Der psychische Zustand des Kranken ist beklagenswert.«
Kurz darauf musste man dem Direktor der Ordensgemeinschaft um elf Uhr nachts mitteilen:

»... der Kranke sei in einen Zustand der Bewusstlosigkeit eingetreten und würde die Nacht nicht überleben.«

Denn jetzt, so kurz vor seinem irdischen Ende, war der Patient und Mitbruder bereits im Prae-Koma.

Antibiotika blieben wirkungslos. Der zuständige Arzt, Dr. Zabalca, gab die Behandlung auf. Wörtlich sagte er: »Ich gab die Anweisung, mit jeder Behandlung aufzuhören, weil ich sie in jenem Zustand für wirkungslos hielt und weil der Patient am Ende seines Lebens stand!«

Dann kam der 17. April 1980.

Der das Wunder beschreibende Originaltext, dem man die Übersetzung aus dem Italienischen anmerkt, gibt die Tragik der Situation wieder: »Sein Zustand verschlechterte sich von Tag zu Tag«, (dies berichtete der Bruder des Kranken beim Diözesanprozess), »bis die Ärzte die Diagnose stellten, dass die Situation unumkehrbar sei. Am Karfreitag oder Karsamstag gaben sie uns Bescheid, dass wir ihn in Cordoba als Toten in Empfang nehmen sollten. Mein Bruder gab das nach Colonia Vignaud, seine Heimat, weiter. Die Prognose lautete: Tod.«

Allen Anzeichen der Schulmedizin nach war das Leben des Carlos nun zu Ende. Auch der behan-

delnde Arzt Dr. Zabalca dachte da nicht anders: »Ich verließ das Krankenhaus um 13.30 Uhr voll Trauer, weil ich an Carlos dachte. Sicherlich würde ich ihn am folgenden Tag nicht mehr in seinem Bett antreffen.«
Stattdessen war der Patient am folgenden Tag geheilt.

In dem zum Originaltext gehörigen Brief des Pater Haunolder steht: »Dem Text über das Wunder, das der Fürbitte des Bruders Artemide Zatti zugesprochen wird, merkt man sicher an, dass er ›frisch‹ aus dem Italienischen übersetzt wurde. Das Original steht in dem Büchlein ›Profile del Beato Artemide Zatti Salesiano‹, verfasst von dem vorletzten Generaloberen unserer Kongregation Don Vecchi, der ein Großneffe Artemides war (gest. 2001). Ich lege einen von mir verfassten Lebensabriss bei.«
So wird bei dem hier mehrfach bezeugten, schriftlich niedergelegten Wunder, dem sogar eine Seligsprechung dessen, dem die wunderwirksame Fürbitte zugesprochen wird, klar: Fürbitten sind selten ohne Folge. Sie werden nur zumeist völlig unterschätzt.
So sei über diesen außergewöhnlichen Mann Artemide Zatti, der Wunder wirken konnte, der aber sein Leben lang ein fleißiger und gotter-

gebener Arbeiter im Dienste anderer Menschen blieb, noch einmal gesagt: »Immer mehr war er ein Mann Gottes geworden. Er strahlte Gott förmlich aus.«
Und ein genannter Zeuge: »Ich glaube an Gott, seit ich Herrn Zatti kennen gelernt habe.«

Orte der Heilung

Heilung vom Knochenkrebs in Lourdes

Vittoria aus Italien wollte zunächst nicht glauben, was mit ihrem Körper vor sich ging. Die einst lebensfrohe Frau erkrankte, konnte sich nicht mehr so bewegen wie früher und musste ihr Leben mehr und mehr einschränken. Man untersuchte sie immer wieder, dann stand das Furchtbare klar und erwiesen fest:

Vittoria hatte Knochenkrebs.

Die Röntgenbilder zeigten den Tumor deutlich und den damit verbundenen lebensbedrohlichen Zustand.

Viele Stellungnahmen und Interviews mit Medizinern verdeutlichten, dass die vorhandenen Krebszellen einfach nicht zu bekämpfen waren, bis …

… bis die gläubige Frau mit einem letzten Funken Hoffnung und bedingungslosem Glauben sich nach Lourdes begab.

Dort war am 11. Februar 1858 der damals achtzehnjährigen Bernadette und deren Schwester Marie samt Freundin Jeanne die Madonna in

strahlendem Licht erschienen. Und aus der Erscheinungshöhle floss und fließt seitdem heilendes Wasser.
Erklären kann es letztlich keiner, was hier in dem weltberühmten Wallfahrtsort und mit dem Heilungswasser vor sich geht – doch die Auswirkungen sind immens.
Lourdes-Wasser heilt. Damals wie in der unmittelbaren Gegenwart werden unzählige Leidende gesund. Ebenso wie das gesegnete Wasser hat auch der Ort selbst diese eigenartige Heilkraft.
Und auch Vittoria wurde die Gnade der Heilung zuteil. Eine Erklärung, wie das Wunder geschah, gibt es nicht. Doch in ihrem Fall ist sowohl die Krankheitsgeschichte wie auch die spätere Heilung genau dokumentiert und auch auf einem Film festgehalten.
Und die gesundete Frau kann nur dankbar annehmen, was ihr geschah – so wie unzählige interessierte Gläubige auch!

Dreizehn Jahre nach ihrer Wunderheilung und zahllosen wissenschaftlichen Untersuchungen aller wichtigen Instanzen ist der Fall Vittoria offiziell als Wunder anerkannt.
Dieses wahre Wunder wurde, neben einigen ebenso spektakulären und unerklärlichen Hei-

lungsberichten aus Lourdes, in einer ausführlichen und mehrfach ausgestrahlten Fernsehsendung dokumentiert (ORF-Sendung vom 7. März 2003).

Dabei erklärte ein Fachmann vom Wilhelmsspital in Wien zum Fall Vittoria, dass »durch die Lebenseinstellung das Wunder geschieht«. Im Folgenden wird erklärt, dass durch ein normal funktionierendes Immunsystem solche aggressiven Tumorzellen nicht erkannt werden könnten.

Aber eine veränderte Lebenseinstellung des Patienten, in diesem Falle das bedingungslose Sich-Öffnen im Glauben, das Sich-Fallenlassen am Tiefpunkt des Lebens, da, wo nichts mehr zu verlieren ist – so etwas würde das menschliche Immunsystem zu wahren Wundertaten befähigen.

»Das Heilige heilt«, stellt der Benediktiner Anselm Grün in einer Schrift fest und kommt zu dem Schluss, dass es immerzu »das Heilige ist, das wahrhaft heilt«.

Auch Carl Gustav Jung, der große Arzt und Psychotherapeut, kam zu dem Schluss, dass die eigentliche Heilung erst dann erfolgen kann, wenn der zu Heilende sich der höheren Sphäre, dem Numinosen, geöffnet hat, wenn er also Zugang zum Heiligen bekommt.

Eine Vierjährige kann wieder gehen

Im Rottal zwischen Mühldorf und Passau wirkte der Heilige und Wunderheiler Konrad von Parzham.
Der in dieser Gegend und dem weiten Umkreis von Altötting buchstäblich allgegenwärtige Heilige heißt so, weil er im Jahre 1881 in Parzham, einem kleinen Ort, zwischen Bad Birnbach und Bad Griesbach gelegen, geboren wurde.
Der spätere legendäre Pförtner des Altöttinger Kapuzinerklosters lebte wie ein Heiliger und wurde schließlich, nicht zuletzt wegen mehrerer kirchlich verbürgter Heilungswunder, im Jahre 1934 von Papst Pius XI. heilig gesprochen.
Eine seiner anrührenden und amtlich verbürgten Heilungsgeschichten sei hier erzählt.
Die kleine Elisa war die Tochter des Schornsteinfegers Georg Erl, der im Jahre 1855 auf die Welt gekommen war. 1901 ging er dann eine zweite Ehe mit Maria, einer geborenen Zacherl, ein, zwei Kinder gingen aus dieser Verbindung hervor: Karl, der bald an Diphtherie verstarb,

und eben Elisa, deren besonderer Stern, der wie ein Einweihungslicht zeit ihres Lebens über ihr stand, schon in frühester Kindheit mit einem ungewöhnlichen Schicksal konfrontiert wurde. Bereits bei der Geburt geschah ein tragisches Missgeschick, das zum Teil aus den armseligen Umständen, zum Teil wohl auch aus dem undurchschaubaren Willen des Schicksals oder einer höheren Macht resultierte: So waren keine Hebamme und auch sonst keine helfende Hand zur Seite der Frau, die sich in ihren Schmerzen wand. Die Gepeinigte wollte aus dem Raum, in dem sie sich gerade noch befand und von Schmerzen schier zerrissen wurde, sie wollte in letzter Panik ihrem Manne entgegenstürzen, »da verlor sie das Kind, das grob unter einen Stuhl fiel«.

So berichtet dann später der Vater über das zarte, von Geburt an schwer beeinträchtigte Kind im Apostolischen Prozess, der im Jahre 1925 stattfand: »Die Mutter setzte sich auf den Sessel und blieb so, bis die Hebamme kam, nach etwa einer halben Stunde.«

Und dann ist genau aufgezeichnet, wie der Dornenweg der kleinen Elisa seinen Fortgang nahm: »Am zweiten Tag nach der Geburt sagte mir die Hebamme«, so begann der Vater seinen erschütternden Bericht und schilderte dann, dass die

Beine des neuen Erdenbürgers krumm waren, auch die Fersenknochen missgebildet, die Handgelenke des Kindchens verdickt ... All diese Missbildungen machten es dem kleinen Mädchen unmöglich, in normaler Weise zu sitzen. An ein Laufen war überhaupt nicht zu denken.

Der Vater von Elisa kannte Konrad von Parzham und dessen heilendes Wirken schon seit seiner Kindheit, da er regelmäßig an den Wallfahrten nach Altötting teilnahm. Auch betete er stets bei dem großen Kinderfreund und Pförtnermönch um Heilung seiner Tochter. Doch bisher war alles vergeblich gewesen.

Dann kam ein Freitag im Jahre 1922. Georg Erl saß mit seiner Frau in der Stube, er las den »Altöttinger Libfrauenboten«, eine in dieser Region viel gelesene Zeitung, die es heute noch gibt. Ihm fällt ein Artikel auf, der von einer Gebetserhörung handelt. In Mühldorf konnte ein gelähmtes Mädchen auf Fürbitte von Bruder Konrad plötzlich wieder sitzen. Der Vater liest Teile des Berichts seiner Frau vor und sagt dann wörtlich: »Wenn doch auch meine Kleine nur auf den Füßen stehen könnte, ich würde schon morgen zu Bruder Konrad nach Altötting fahren!«

Und da!

Kaum war der Satz laut gesagt, da geht ein Ruck

durch das Mädchen, das sich in unmittelbarer Nähe zum Vater befindet. Elisa sitzt in einer Fensternische zum Balkon, man spürt, sie wird von einer Energie durchpulst, einem Lebensstrom, der bislang bei ihr nicht feststellbar war. Und sie richtet sich auf, gleitet willentlich und kontrolliert von der Nische zum Boden, erreicht mit beiden Beinen den Holzboden, läuft zum Vater, bis sie dessen Knie umfassen und fest greifen kann, und sie sagt: »Papa, ich bin ein großes Mädchen!«

Die Eltern sitzen nur da und begreifen noch lange nicht, was geschehen ist. Das Mädchen indes läuft einmal um den Tisch herum und verschwindet dann in der Küche. Einem natürlichen kindlichen Triebe folgend, will es die Kraft der Beine nutzen, um die Wohnung kennen zu lernen oder einfach zu spielen.

Die Beeinträchtigung des Kindes und auch die Folgen der Heilung sind in vielen einsehbaren Akten bezeugt. Vor der Heilung waren alle Versuche, das Kind aufzurichten, gescheitert.

Konrad von Parzham wurde im Jahre 1930 selig gesprochen und 1934 folgte die Heiligsprechung. Da diese Prozesse genaue Prüfungen verlangen – und der oben geschilderte Wunderheilungsfall der kleinen Elisabeth zu den Seligsprechungs-

begründungen gehört –, kann von einer absoluten Richtigkeit und Glaubwürdigkeit ausgegangen werden.
Harold Grochtmann schildert in seiner Inaugural-Dissertation die genauen Umstände solch einer Seligsprechung wie im Falle der Elisabeth Erl.
»Miraculum Alternum: Instantaneae perfectaeque sanationis puellae quadrimulae Elisabeth Erl a congenita impotentia standi et ambulandi parta a rachitide …« Also: »Die andere, ein vierjähriges Mädchen, litt an gleichzeitiger Unfähigkeit des Stehens und Gehens, was von einer Rachitis herkam, wobei ebenfalls eine ›sofortige und völlige Heilung‹ erfolgte.«
Dreizehn Zeugen und neunundzwanzig Seiten Gutachten von Schulmedizinern belegen die Echtheit dieses Wunders.
Doch trotz aller Dokumente bleibt die Unerklärbarkeit des Geschehens. Gott ist nicht fassbar, ebenso wenig das, was er bewirkt. Glaube öffnet den Weg. Beten ist der Weg.
Das irdische Leben des Bruder Konrad dauerte bis ins Jahr 1894: »Der selige Bruder Konrad war alt und grau geworden«, so beginnt die kleine Dokumentation »Wie Bruder Konrad in den Himmel kam«, dargeboten von Pater Hermann Josef Stark im Jahre 1934.

Der Pförtnermönch des Kapuzinerklosters in Altötting fühlte, dass seine Zeit gekommen war, und ging nun daran, eines der schönsten Wunder der Gesundung zu vollenden: Nämlich bewusst und friedlich, ohne jeden Groll und irgendwelche Angst dem Schöpfer entgegenzutreten.
Wie viele Menschen müssen sterben, ohne ihr Leben vorher bereinigt zu haben, ohne vorher dem, der das Leben gab, Rechenschaft abliefern zu können? Um dann mit großem inneren Frieden sagen zu dürfen: »Ja, das war's, danke.« Auch friedliches Sterben ist Heilung. Es ist die Heiligung des eigenen Lebens, Heiligung der Vollkommenheit eines irdischen Daseins.
Und so lag er denn da, der selige Bruder Konrad, auf dem Sterbelager, das heute noch zu besichtigen ist. Eine ordentliche Decke bleibt liebevoll über das Lager gebreitet, dort wo der Wunderheiler die irdische Existenz beiseite legte.
»Der selige Bruder Konrad ist dem Leibe nach tot, aber sein Geist lebt und soll unter uns fortleben«, schreibt der Kapuziner in dem oben genannten Büchlein. Einer Legende nach, die man sich in Altötting erzählt, stiegen beim Tod des Konrad, als die Seele zum Himmel aufstieg, goldene Blasen nach oben …
Auch unser Leben muss von einem guten Tod

abgeschlossen werden. Denn der Tod ist es, der die irdische Existenz abrundet und einer neuen, so ganz anderen Dimension Platz macht.
Das Büchlein »Wie Bruder Konrad in den Himmel kam« empfiehlt dazu eine vielleicht seltsam anmutende Sterbeübung:
Stelle dir vor, dies sei die letzte Stunde. Lege Rechenschaft ab. Was ist im Guten? Was im Argen? Danke für die Freiheit von Schuld, wenn es so ist, wenn nicht, dann bereue oder mache begangene Fehler wieder gut. Das kann heimlich und diskret geschehen, aber versuche unbedingt eine Wiedergutmachung am Mitmenschen.
Und dann – lebe weiter! Und die Bewusstheit deiner selbst wird dich heilen. Du hast Ballast abgelegt und lebst. Nütze die Zeit.

Heilung nach dem neunten Schlaganfall

Die liebliche Kirche Sammarei in Niederbayern (Sammarei bedeutet »Sankt Marei«, nämlich die bayerische, fast familiär-vertrauliche Form für »Heilige Maria«) ist bekannt für sehr viele Wunder, die hier geschehen. Für Menschen, die ein Gespür für magische Plätze haben, ist so etwas unweit des schwer-erdigen und von heilenden Quellen verwöhnten Rottales nicht weiter verwunderlich.
Da hier von Anbeginn an Wunder geschehen und von den gläubigen Pilgern auch zugelassen werden (bereits die Ursprungskapelle, heute von der Kirche umbaut und Zentrum der Anbetung, geht auf ein Wunder zurück), sei nun, da dieser Ort seiner anerkannten Wunderwirksamkeit wegen zum beliebten Wallfahrtsziel wurde – verbürgt durch das offizielle Wallfahrtsbuch von Sammarei –, ein spektakulärer Fall der jüngeren Vergangenheit herausgegriffen: Dies ist die Heilung und Genesung einer mitten im Leben stehenden Frau nach dem neunten (!) Schlaganfall!

Frau Elisabeth Schmitt war weder in Niederbayern gebürtig noch neigte sie zu übertriebener Brauchtumsliebe, Traditionstreue oder gar Frömmigkeit. Sie stammte aus Leipzig und der größere Teil ihres Werdeganges, Lebens und auch Denkens war von geistigen Idealen geprägt, die dem Katholizismus eher widersprechen.

Dass sie im Innersten eine mystische Begabung wie einen Juwel verschlossen trug und diese Gabe in keiner Weise ausleben konnte, das kam ihr nie zu Bewusstsein. Erziehung nach den Idealen der damaligen DDR, gezielte Heirat einer verbesserten Lebenssituation willen, zwei Kinder und Scheidung. So war sie vierundfünfzig Jahre alt geworden.

Irgendwann trug das wohlwollende Schicksal die Frau nach Bayern, wo sie mit einem Lebensgefährten, der ebenfalls geschieden sein Leben zu meistern versuchte und zwei Söhne hatte, in der Nähe von Ingolstadt lebte.

Immerzu blieb in ihr diese schier unendliche Suche nach etwas, was sie nicht annähernd benennen konnte – war es eine grenzenlose Sehnsucht nach Geborgenheit, Liebe, Gott?

Der Körper reagierte heftig auf die dürstende Seele.

Der erste Schlaganfall verlief nahezu unmerklich, ja fast heimlich, nur ein geschulter Beobachter hätte die etwas veränderte Motorik der Frau wahrnehmen können.

Doch mit ihrem Allgemeinbefinden ging es immer mehr bergab. Sie klagte über Schmerzen hie und da, vornehmlich im Bereich der Brust; das Leben schien über ihrem Kopf wie ein morsches Dach zusammenzubrechen. Die »Schläge« kamen nun immer öfter, wobei die heftiger werdenden Schlaganfälle mit Niederschlägen der äußeren, materiellen Lebenssituation fast parallel verliefen.

Alles lief schief. Beruf und Auskommen nahmen albtraumhafte Züge an, die Sorgen und schlaflosen Nächte verstärkten den körperlichen Miss-Stand wie der Schallkörper eines Musikinstruments. Eines gab das andere und alles ging bergab.

Die Schieflage des allgemeinen Lebens drückte sich auch deutlich in der Körperhaltung aus. Sie trug den linken Arm angewinkelt vor Brust und Bauch, der Schulterbereich zeigte eine deutliche Schräge.

Welche Zufälle sie nach Sammarei trugen, vermag sie nicht mehr zu rekonstruieren. Es wird wohl der Besuch einer bekannten Familie, die unweit zur Kur weilte, gewesen sein.

Schon beim Eintreten in den überwältigenden, frühbarocken, lichten Kirchenraum mit dem großen Altarwerk des Jakob Bendl, einem gigantischen Theatrum Sacrum, das in der weit ausladenden Anlage Hochaltar und Seitenaltäre zu einer gigantischen Gesamtkomposition zusammenschließt, beim Anblick der 101 vollplastischen Figuren, die, jede in ihrer Einzelsituation ebenso wie in der Gesamtheit nichts anderes darstellen als ein himmelhoch-jauchzendes Schauspiel, da durchlief sie ein wohliger Schauer der Befreiung. Sie spürte ihren tiefen Glauben, einen Glauben, der ihr Vertrauen gab, dass alles wieder gut wird.

Elisabeth war, als würden die Figuren sich bewegen, sich ihr zuwenden, zu ihrem Wohlwollen agieren. Und der hochherrlich das aufbäumende Ross reitende Georgsritter zur Linken des vorderen Altares würde nicht nur den züngelnden Drachen besiegen, sondern zugleich ihr Leiden. Das alles war fühlbare Wirklichkeit, sie spürte genau, dass etwas Ungeheuerliches mit ihr geschah. Mit einem Mal konnte sie Glauben zulassen, durfte bedingungslos glauben, sich hingeben.

Und gleichzeitig wurde ihr durch den zu Boden geworfenen Drachen eine eigenartige Kraft bewusst, mit der sie sich identifizieren konnte. Es war eine erdende, weibliche, bergende Energie.

Als sie nach etwa einer halben Stunde die Kirche

verließ, da sagte ihr Gefährte Albert, der draußen sich nach einem Restaurant erkundigt hatte: »Was ist mit dir?«
»Was soll sein!«, antwortete sie froh und ihr fiel selbst der veränderte, vitalisierte Klang ihrer Stimme auf.
»Du wirkst so fröhlich, so gesund«, stellte er fest.
So war es auch.
Elisabeth lebte von Stund an von ihrem Leiden befreit, ihr Körper erholte sich und – einer nicht fassbaren Kausalität folgend – auch ihre Gesamtsituation.
Die gesundete Frau in der Mitte der Jahre wählte bald ihren festen Wohnsitz in der Nähe des Rottales. Heute lässt sie ihr immer schon vorhandenes, aber damals stark unterdrücktes Sehnen nach einer anderen, einer höheren Macht unumschränkt zu. Jener Macht, die urplötzlich, mit dem Eintreten in den Kirchenraum, so wohlwollend und heilend in ihr eigenes Leben getreten war.

Sammarei war mein persönlicher Zugang in die lichte Herrlichkeit des Marienglaubens vor vielen Jahren! Die zahlreichen Votivtafeln und dankbaren Erhörungstexte beweisen, dass hier wirklich eine Kraft wirkt, die wesentlich über

der Bewusstseinsgrenze der ankommenden Wallfahrer liegt.
Die Gesamtanlage selbst geht auf ein Wunder zurück, als nämlich 1619 ein Hof abbrannte und nur das Kapellchen unversehrt blieb, weil es durch einen Apfelbaumzweig geschützt blieb. Der Baum war verkohlt, doch der Zweig blühte ... und bald blühte mit ihm die Wallfahrt nach Sammarei.
Eine moderne Erklärung für die zahlreichen dort dokumentierten Heilungswunder sind hier auftretende morphogenetische Felder, das bedeutet bereits vorhandene Energiefelder, die alle Gedankenfelder der Menschen mit beeinflussen. Es funktioniert!
Hauptheilungspunkte in Sammarei: das Madonnenbildnis in der Ur-Kapelle und der Georgsritter. Die Lanzenspitze zeigt unmittelbar zum Kreuzungspunkt der Energielinien: Das ist genau der Platz des Priesters hinter dem Altar – zugleich vor dem Marienbildnis.
Die Quelle für das beschriebene Wunder ist eine liebevoll gemachte Broschüre »Benutzer schreiben Auszüge aus dem Wallfahrtsbuch«. Sie ist erhältlich beim katholischen Pfarramt, Dr.-Caspar-Wimmer-Straße 19, 94542 Haarbach.

Der rettende Heiland der Wieskirche

Anno 1745. Michael Erhard war ein rechtschaffener Bauer »der Closter Hofmarch Rottenbuch«, der Hofmark Rottenbuch also, und zugleich hatte er das Amt des Bürgermeisters inne. Der schwere und wuchtige Mann erfreute sich großer Hochachtung nicht nur im eigenen Ort, denn er hatte die wunderbare Gabe des Vermittelns mit in die Wiege gelegt bekommen. Oft schon war ein Streit zweier erhitzter Kontrahenten wie weggeblasen, nur weil er, Michael Erhard, hinzugekommen war und mit seiner festen, aber wohlwollenden Stimme den passenden Satz gesagt hatte. Er war also auf seine Weise so etwas wie ein bayerischer König Salomon!

Dann aber kam ein Tag, da sagte er am frühen Morgen schon zu seiner Frau, er fühle sich gar nicht gut, die öffentlichen Geschäfte möge für diesen Tag ein anderer übernehmen. Er schwitzte heiß, dann kalt, konnte sich kaum auf den Beinen halten, verzog sich ins Bett und es war nicht zu übersehen, dass er bedrohlich krank geworden war. Dann packte ihn das brennende Feuer des Fiebers, er fror bald bitterlich, es schüttelte ihn unter sämtlichen Zudecken, er klapperte mit den Zähnen und redete so wirres Zeug, dass Frau und Verwandten angst und bange wurde. Auch der Arzt war mit seinem Wissen am Ende, man holte vorsorglich den Pfarrer.

Das »hitzige Fieber«, wie die Quelle es nennt, hatte nun ein lebensbedrohendes Ausmaß erreicht.

Auf den Rat des Pfarrers hin, dem die Wunderkraft der nahen Wieskirche bekannt war, riefen die Frau, Verwandte und auch der Geistliche den gegeißelten Heiland um Hilfe an.

Der Rest ist in der Quelle überraschend schnell und schnörkellos erzählt: »Lage kranck an einem hitzigen Fieber, rufe hierin mit Vertrauen gegeißleten [sic] JEsum [sic] um Hülf an, erlanget hierauf Besserung und vorig erwuenschte Gesundheit.«

Am nächsten Morgen war Michael gesund und erinnerte sich nur noch an wirre Traumfetzen der übelsten Art. Und von einer Art Licht berichtete er. Das muss er gesehen haben, kurz bevor alles besser wurde.

Dieses Heilungswunder ist aus dem Mirakelbüchlein der Wieskirche in Oberbayern. Die

Heilung ist hier verbunden mit einem anerkannten magischen Ort, einem Ort des Wunders.
Bei allem, was wir an wunderbaren Dingen beobachten können, spielt der Ort immer eine bedeutende und tragende Rolle. So unerklärlich Wunder bleiben, so nachweisbar ist das uralte Wissen um die Kraft des Ortes, magischen Raumes, heiligen Bezirkes – jenes auserwählten Areals, in dem Außergewöhnliches geschehen kann.
Auf freiem Wiesengrund stehend, ist »die Wies« ein Baujuwel Dominikus Zimmermanns von Steingaden. Auch Rottenbuch, der Heimatort des Geheilten, liegt in unmittelbarer Nähe.
Den Anfang der dortigen Wallfahrtsgeschichte bildet der »Heiland an der Geißelsäule«, der 1730 angefertigt wurde. Im Jahre 1738 begann die Figur durch ein Wunder, Tränen zu vergießen. Dies war Grund genug für den damaligen Besitzer, den »Bauern auf der Wies«, 1739 den Bau einer Feldkapelle zu erwirken, die das wundersame Gnadenbild dann aufnahm.

Durch ein Madonnenbildnis wird ein Blinder sehend

In der Dauphinée lebte einst ein Edelmann, Alessandro mit Namen, aus der Familie Ravardi. Er war blind und verehrte die Jungfrau Maria mit besonderer Ergebenheit. So stark und hingebungsvoll war seine Anbetung der Gottesmutter, dass er mit einer wahrhaften Erscheinung der hochherrlichen Frau belohnt wurde. Die genaue Abfolge der Worte, die sie zu ihm sprach, sind im Kirchenarchiv in einem alten Buch, das sehr exakt die Quelle angibt (Baldassanus, ex monum. Eccl. B. Mariae Condolatricis apud Taurineses, Ughell. In Italia sacra, IV. Bd. – Apud Hippolytum Marracci, Antistites Mariani, I. Hauptst. S. 38. § XXXVI: De Amizione Antist. Tauriensi), wiederholt.

Maria sagte Folgendes zu dem Blinden: »Lasse dich in die Kirche des heiligen Andreas zu Turin bringen; denn nicht weit von derselben und unter den Trümmern der Stadt, welche einst von den Barbaren zerstört worden ist, liegt eine Kapelle verschüttet, in der sich ein Bildnis von mir findet. Dieses Bild will ich der Verehrung der Gläubigen ausgesetzt wissen.«

Und dann betont die Gottesmutter ausdrücklich die Wichtigkeit des Ortes, jenes hervorgehobenen Areals, in dem durch den entstehenden Raum-Zeit-Tunnel dasjenige möglich wird, was wir mit unserm Menschenverstand dann als Wunder bezeichnen: »Sobald du an diese Stelle gekommen sein wirst, wirst du sogleich dein Augenlicht erhalten und wenn dies geschehen, dann trachte, dass mein Bildnis an einem heiligen Orte aufgestellt werde.«

Der blinde Edelmann zweifelte keine Sekunde an der Wahrheit der Erscheinung, denn für ihn, der stets im Dunkeln lebte, war die lichtvolle und farbenprächtige Madonna in dem wunderbar strahlend blauen Mantel und der gleißenden Gloriole über dem Kopf mit dem Schleier einfach überwältigend.

Maria hatte ihm auch sehr detailliert beschrieben, wo sich das Bildnis befand. Und Alessandro machte sich mit einigen Helfern, die er gut bezahlen wollte, auf den Weg, um nach der verschütteten Statuette in der vom Erdreich verschluckten Kapelle zu suchen.

Doch schon seine alleinige Anwesenheit an dem betreffenden Ort bewirkte das Wunder: Er konnte sehen.

Bis an das Ende eines langen, erfüllten und gottergebenen Lebens war ihm das Augenlicht wiedergegeben.

»Als der Blinde diesen Worten gefolgt und sich an den von Maria angegebenen Ort hatte bringen lassen, erlangte er augenblicks sein Augenlicht.«

Das sprach sich schnell herum, denn so ein Heilungswunder ist für jeden Zeitgenossen sichtbar und beweisbar. Alessandro, der bislang immer nur mit dem Blindenstock unterwegs gewesen war, sah nun den Mitmenschen klar und fest ins Gesicht, freute sich über deren Aussehen und stellte dabei auch fest, dass er all die Jahre mit dem inneren Auge durchaus richtig gesehen habe: Die sichtbare Realität überraschte ihn keinesfalls!

Von diesem Wunder in Erstaunen versetzt, begab sich der Bischof von Turin, er hieß Amizzo, mit vielen Städtern an jenen Ort, ließ die Erde aufgraben und den Schutt wegräumen: Und siehe da! Die verschüttete Kapelle trat zutage und das heilige Bildnis stand unversehrt wie durch ein Wunder an dem angestammten Platz. Nur den Staub der Jahrhunderte musste man wegblasen.

Die Quelle im Kirchenarchiv, der diese Geschichte entnommen wurde, beschreibt den außerordentlich guten Zustand der hölzernen

Marienfigur, beschreibt dies mit dem Charme einer anderen Zeit: »... und da entdeckte man wirklich die unterirdische Kapelle, in welcher sich das heilige Bildnis ganz und unversehrt vorfand, obwohl vieles darauf hindeutete, dass es durch vierhundert und mehr Jahre hier verschüttet lag und sowohl der Feuchtigkeit als dem Wurmfraße ausgesetzt war.«

Die Poesie dieses wahren Wunders packt sofort. Hier begegnet man allem, was zur Dramaturgie des Wunders gehört: dem magischen Ort, der Archetypik der Symbole – verschüttetes Glaubensgut, Sehend-Werden – und vor allem der Zeitlosigkeit – die Unversehrtheit der hölzernen Figur im feuchten Verlies über vierhundert lange Jahre symbolisiert, dass hier ein völlig anderes Raum-Zeit-Gefüge herrscht als in der sonstigen Welt.
Es gibt überproportional viele Wunder, in denen Blinde oder an den Augen Verletzte sehend werden (ein-sichtig werden). Auch das Neue Testament betont Blindenheilungen durch Jesus und im Alten Testament segnet der blinde Isaak durch falsches Sehen den falschen Sohn Esau.
Wer Augen hat zu sehen, sieht Gott und den Zusammenhang der Dinge.

Ein gesegneter Ort für Mütter und Babys

Bei der Wallfahrtskirche St. Rasso, direkt nach der Ortseinfahrt nach Grafrath (der Name Grafrath bedeutet nichts anderes als Graf Rasso) am nördlichen Rand des Ampermoos in Oberbayern gelegen, fällt dem kundigen Besucher die eigenartige Lage und Platzierung der Baulichkeiten sofort ins Auge: Der Platz ist magisch.

Zunächst wird der Blick von der kräftigen Halbkuppel im Osten angezogen, die für eine großräumige Apsis im Inneren die Bedachung abgibt. Man sieht schon von außen, dass hier, irgendwo innerhalb des Kirchenraumes, eine ungewöhnlich starke Energie aufgebaut wird. Heilungsenergie?

Der Überlieferung nach soll der sagenumwobene Graf Rasso, ein wahrer Riese aus dem Geschlecht der Diessen-Andechser, wie auch ein Bildnis in der Klosterkirche von Andechs zeigt (der Mann soll 2,50 Meter groß gewesen sein), genau an dieser Stelle die von ihm gewünschte Kirche sowie ein Kloster errichtet haben. 948

hatte der kühne Streiter (der immer ehelos blieb) zwei bedeutende Siege über die Ungarn errungen und am 19. Juni 954 wurde er beigesetzt, genau da, wo das folgende Heilungswunder stattfand.
Im Inneren der Kirche ist, wenn man zur Chorempore hochsieht, schräg oben ein Teil der Wunderkammer zu sehen: eine Ansammlung von Votivtafeln und Wunderbezeugungen.
Dort findet sich in einem Mirakelbüchlein auch das folgende Wunder von Mutter und Kind.
Der Name der Frau ist bis heute unbekannt. Nach der Geburt, die voller Komplikationen war, ging es der Mutter und dem Kind, einem sehr zarten Mädchen, immer schlechter. Vermutlich war die Schwangerschaft schon voller Komplikationen verlaufen, vielleicht waren die Lebensumstände der bedauernswerten Frau, die zur Zeit der Jahrhundertwende vom 18. zum 19. Jahrhundert lebte, nicht ohne schwere Sorgen, die sich lange vor der Geburt schon auf das Kind übertragen hatten.
Jetzt lag die Frau, die starke Schmerzen litt, im Sterben und das Baby, das so dringend auf ihre Hilfe angewiesen war, strampelte kraftlos und Mitleid erregend neben ihr und nuckelte hingabevoll an einem einfachen Schnuller.
Kaum jemand war da, der sich hätte kümmern

können. Der Mann tat sein Bestes, musste jedoch die zu der Zeit und den Umständen entsprechend harte Existenz sichern und seiner anstrengenden Arbeit als Kleinbauer nachgehen. Er stand dem gesundheitlichen Elend seiner noch jungen, aber schon dahinwelkenden Familie hilflos gegenüber.

Irgendeine wohlwollende Verwandte empfahl als letzte Hilfe die Hinwendung zum heiligen Rasso.

Man »verlobte« sich mit einer Messe, das heißt: Mann und Frau versprachen, eine Messe zu stiften.

Das Wunder geschah so unvermutet, dass wir es ebenso wenig hinterfragen sollen, wie die drei Menschen im Jahre 1799 dies taten, die es dankbar annahmen. Sie waren hingabevolle und tiefgläubige Kinder ihrer Zeit, denen durch eine nie ergründbare Gnade das Familienleben und das Familienglück neu geschenkt worden war.

Von der Wahrheit des damaligen Geschehens kündet auch eine Votivtafel, die der Ehemann der gesundeten Frau, dem Versprechen gemäß, malen und beschriften ließ. »Diese Taffel hat eine gewisse berson aus dem [...] zu Ehren des S. Rasso wegen einer Schmerzhafften Krangheit in Kindis Noethen [...] hat sich mit einer h. Mess und ein Opfer [...] verlobet ist sit von

stundt zu stundt [...] durch die fürbitt des h. Rasso glücklich befreyet worden. 1799.«
Die Mutter erholte sich stündlich, ihr kleiner Engel gewann an Kraft und Lebensenergie, die wieder gesundete junge Frau konnte das Baby nun versorgen, ihr Mann wusste nimmer, wohin vor Freude und Glück.
Und man vergaß auch nicht, dankbar zu sein für das Wunder. Sonst hätten wir nach über zweihundert Jahren nicht die Kunde davon.

Ist es nicht erstaunlich, dass der übergroße Ritter und Haudegen Rasso, der selbst nie verheiratet war, als Geheimtipp für Mütter und Babys gilt?
Männer sind oft feinfühliger als ihr Ruf.
Die heutige Kirche, zwischen 1688 und 1695 errichtet, wird derzeit im großen Stil restauriert, was zur Folge hat, dass der neugierige Besucher an Stellen des Raumes treten kann, die sonst nicht zugänglich sind.
Und man spürt die Energie der ursprünglichen Kapelle. Eine ganz besondere, durchaus auch unheimliche Kraft waltet hier, manchmal, vor allem, wenn das Tageslicht weicht, wirkt sie beängstigend unergründbar, vor allem am Fußende des in der Mitte des Rundbaues eingelassenen Rasso-Grabes.

Der Zufall führte mich zu später Stunde mit einem Betreuer der Kirche zusammen. Er zeigte mir die Chronik, an der seit langem gearbeitet wird. Und tatsächlich bewahrheitet sich, dass dies ein geheimer Ort der Wunderheilungen ist. »Insbesonders Baby-Heilungen, Brüche, so genannter Gries«, so höre ich.
Mir wird das Mirakelbüchlein empfohlen. Auf Umwegen über das Kirchenarchiv gelange ich tatsächlich an dieses. Und wieder bewahrheitet sich, was unter der Hand, in der Umgebung von Grafrath und bei vielen Rat suchenden Müttern Geheimtipp ist: Nachweisbare Babyheilungen in Grafrath. Gesegneter Ort für Mütter!
Bei einem dritten Besuch in der Kirche steht endgültig fest: Dies ist ein besonderer Frauen-Erhörungsort. Es ist der 8. März 2003: Welt-Frauentag. Die Kirche ist voll liebenswerter Frauen, die mich und meine Tochter zum Gebet für den Weltfrieden einladen.
Gibt es an diesem Ort der Kinderheilung eine Wunderheilung für die Welt?
Gott gebe, dass die Gebete helfen mögen!

Inniger Glaube ermöglicht Wunder

Der Hilfeschrei des stumm gewordenen Müllers

Georg Feldmulmer lebte in der Gegend von Wasserburg und ging dem Handwerk eines Müllers nach. Die Zeit seiner irdischen Existenz geht aus der Quelle nicht hervor, überliefert ist nur die genaue Schreibung des Namens Feldmulmer. Da das Mirakelbüchlein, das seine Geschichte festhält, aus dem frühen 16. Jahrhundert stammt, dürfte die Zeit von Georgs Unfall und seiner wundersamen Heilung sich in ebenjener Zeit zugetragen haben.

Heute würde man sagen, Georg Feldmulmer führte ein romantisches Leben. Denn das schwere hölzerne Rad der Mühle drehte sich beständig im Takt der Ewigkeit hinter dem Mühlhause, mit zeitloser Gelassenheit schaufelte der Mühlbach, der sich über einen klug konstruierten hölzernen Kanal auf die oberschlächtigen Schaufeln goss, seine gurgelnden Wasser in das Rad, das sich immerzu wie der Lauf der Welten und aller Gestirne drehte. So ging es fort im ewigen Takt, sich selbst erneuernd, tag-

ein, tagaus ... das Werk des Zeitenschöpfers preisend.
Trotz der Behäbigkeit, mit der das schwere Rad sich drehte, war die ihm innewohnende Energie, die es über eine wuchtige Zentralachse und eine grobzahnige, aber präzise ineinander greifende Übersetzung (ein so genanntes Kamprad) den Mühlsteinen schenkte, ungeheuerlich groß.
Dann, an einem Feiertag, hörte Georg in der Müllerstube ein eigenartiges Kratzen, Brechen und Bersten, das von draußen vom Mühlrad herzukommen schien.
Und in der Tat hatten sich die Zweige eines Bäumchens, das der Bach mit sich geführt hatte, zwischen den Speichen des Rades festgezwickt und mit jeder Umdrehung schlugen sie, wie ein übergroßer Reisigbesen, gegen den unteren Teil des Holzgestelles.
Eine Zeit lang hörte der Müller zu und meinte wohl, die Sache könne sich von selbst erledigen und das Gezweige würde sich irgendwann aus dem Mühlrad losreißen.
Aber nein. Mit sturer Beständigkeit schlugen die Zweige weiterhin gegen die Holzrinne, bis das Rad sich mit dem gefangenen Gehölz wieder nach unten drehte. Und einige Sekunden darauf setzte der Spuk von neuem an ...

Georg Feldmulmer eilte nach draußen. Es war um diese späte Nachmittagszeit im März weder hell noch dunkel.
Er betrachtete die nicht allzu großen Birkenzweige, die sich da mit dem Rad drehten, das, nicht allzu schnell, aber mit sichtbar unbeirrbarer Kraft, die Wucht des Elements auf die Radachse übertrug.
Und er sah, dass dies Bäumchen leicht zu beseitigen sei, wenn er schnell genug zugriff.
Dann kam alles so, wie es die Macht des Augenblicks will, wenn das passiert, was wir Zufall oder Unfall nennen.
Er hatte den kleinen Baum nicht sofort aus dem Rad gezogen, er hielt eine Sekunde zu lange fest, als ein Zweig seine Jacke festhielt, es dauerte wirklich nur eine einzige Sekunde zu lang.
Und das Mühlrad drehte sich weiter.
Mit ihm geschah, was das Mirakelbuch so beschreibt:
»... dass ihn ein Kamprad hatte begriffen bei einem Arm und also eingeflochten, dass es mit ihm bestund den Arm zwir zerbrochen und die hand zerrissen hätte.«
Er ward also, wenn auch nur für kurze Momente, so unglücklich in die Speichen des Rades geraten, dass der Arm in die Übersetzung gezogen worden war und der Arm zweimal gebrochen

und die Hand schwer verletzt, mit offenem Riss, zurückblieben.
Gottlob und durch wundersames Glück im Unglück hatte das Mühlrad den Müller freigegeben, sonst wäre noch sehr viel Schrecklicheres geschehen.
Da lag Georg Feldmulmer eine halbe Stunde vor dem Mühlrad, hörte weder das Plätschern, jene rhythmische Schüttung der Schaufeln, noch sah er die Dunkelheit oder das erleuchtete Fenster. Es war wie eine Art Lähmung, er konnte auch nicht um Hilfe rufen.
Schon besuchten ihn die Vorboten des Todes. Er gewahrte Lichter, Gestalten und sah sich über seinem eigenen geschundenen Körper schweben. Dann aber, urplötzlich, steckte er unversehens wieder in seiner irdischen Hülle und registrierte umso mehr sein momentanes Elend.
Dabei wusste er sich bei klarem Verstande, doch er spürte keinen Schmerz, so gewaltig war der Schock.
Und er wusste auch dies: Er würde sterben, wenn nicht bald Hilfe da war.
Am tiefsten Punkt der Verzweiflung fiel ihm die Jungfrau von Altötting ein und die Kraft der Wunderheilungen, von denen er so viel gehört hatte.
»Hilf, Jungfrau Maria, so will ich dich heimsu-

chen mit einem wächsen [= wächsernen] Arm!«, so zitiert die Quelle seinen Verzweiflungsschrei. Und da erst merkte er, dass er die Sprache wiederhatte.
Mit aller Kraft seiner Lungen und Stimmbänder schrie er nun in die Dunkelheit hinaus:
»Hilfe! Hilfe! So helf mir doch einer!«
Endlich hörten ihn trotz der späten Stunde »Leute, die zuliefen«, wie die Quelle wörtlich berichtet. Man fand auch bald den Müller, patschnass halb unter dem rotierenden Rade jämmerlich und verkrümmt liegend, man versorgte den Verletzten, so gut es eben ging, und holte ärztliche Hilfe.
Am nächsten Morgen erwachte Georg Feldmulmer aus tiefem, schwerem Schlaf, der gar nicht zu den Wundschmerzen, die er hätte haben müssen, passte. Der Doktor aus einer nahe gelegenen Stadt stand bei ihm, auch ein Pfarrer. Und Georg erzählte, wie er durch die Gnade eines Wunders die verlorene Sprache wiedererlangt hätte.
Auch die Heilung verlief ungewöhnlich: Der doppelt gebrochene Arm war in kurzer Zeit wieder funktionsfähig und mit der dazugehörigen Hand konnte er bald so fest zupacken wie ehedem. Wenn ihn der Geselle ärgerte, griff Georg der Müller ihn am Kragen und schüttelte ihn kräftig durch.

So, wie's schon immer der Brauch gewesen war im Mühlenhause.

Diese Wundergeschichte entstammt den Altöttinger Mirakelgeschichten von Jacobus Issickemer. Wie groß die Not gewesen war, macht noch einmal der Originaltext deutlich: »Und also gefänglich gelegen war ein halbe Stund, da er nicht konnte schreien noch rufen. Gedächte er im Herzen: Hilf Jungfrau Maria, so will ich dich zu alten Öding heimsuchen mit einem wächsen Arm. Von Stund an wäre ihm Stimm verliehen zu schreien um Hilf, dass er also … auch ohne Lähmung und Schaden frisch und gesund wär worden.«
Das Gelöbnis des Müllers in tiefster Not, Verzweiflung und Lebensgefahr aktivierte Lebensenergien in einer im Alltag nicht zu unterschätzenden Monumentalität – denn nun kann die Macht des Himmels eingreifen!

Die Jungfrau Maria erlöst die schöne Rebecca

»Godehard, Bischof zu Hildesheim in Sachsen, der zu seiner großen Heiligkeit und seiner ausgezeichneten Tugenden wegen von Innozenz II. unter die Heiligen gezählt wird, mag das Gesagte bestätigen«, so beginnt der Bericht im Kirchenarchiv.

Eine Frau, Wiltrud mit Namen, aus der Diözese Minden hatte eine Enkelin von seltener Schönheit. Dieses Kind schien in seinem Aussehen den Wohlklang des Schöpfungsgedankens widerzuspiegeln.

Das etwa siebenjährige Mädchen war jedoch so schwer erkrankt, dass es von den Ärzten bereits aufgegeben worden war.

Vielleicht tat diese seltsame Krankheit, die nicht näher beschreibbar ist und über die sich auch die sonst so beredsame Quelle ausschweigt, das Ihre, um Rebecca so überirdisch schön sein und scheinen zu lassen: In einer sinnbetäubenden Mischung aus angeborenem Ebenmaß der Gesichtszüge, Demut und ebendem oft sichtbaren

Lichtschein des Hinfälligen, der bereits mit der Anderswelt Kontakt zu haben schien, lag sie auf ihrem weißen Laken und blickte hinein in eine Welt, die den meisten Lebenden unsichtbar bleibt.

Es wird wohl eine Krankheit gewesen sein, für die man auch in unserer heutigen hochtechnologisierten Welt nur schwer eine Erklärung würde finden können.

Wie erklärt sich das grundlose Dahinsiechen eines jungen Menschen, dieses Fehlen von vitaler Lebensenergie und Kraft, das Hinschwinden des Lebensodems, wie ihn Gott dem Adam eingehaucht hat?

Frau Wiltrud, die Rebecca über alles liebte, gab sich dem grausamen Todesurteil der Ärzte gegen die Enkelin zunächst hin. (Kann ein Sterblicher sagen und behaupten: »Dieser Kranke ist dem Tode geweiht«? Kann ein Mensch, auch ein medizinisch Gebildeter, dem anderen das Leben wortwörtlich »ab-sprechen«?)

Dann aber, sicherlich mit dem Mut der Verzweiflung, siegte in der liebenden Mutter ein bedingungsloser Glaube. Sie hörte nicht auf zu beten, richtete Fürbitte über Fürbitte zu Godehard und zu Maria, der Gottesmutter.

So kam sie, nach Stunden des Betens, bei ihrem Haus an und sperrte die Tür auf. Im Flur stand

Rebecca, schön wie immer, doch das Licht der Hinfälligkeit war ersetzt durch eine lodernde Flamme des aufblühenden Lebens.
»Als sie [die Mutter] nach verrichtetem Gebete nach Hause kam, fand sie das geliebte Mädchen frisch und gesund«, vermeldet die Quelle wörtlich.
Mit dem Schalk und der unbändigen Vitalität eines gesunden siebenjährigen Mädchens wollte die kleine Rebecca auf die Straße hinaus, spielen und die Welt entdecken …

»Das Wunder muss eine wirkliche Abweichung von allen Naturgesetzen sein. Denn der Einklang und die Harmonie, die unter diesen Gesetzen besteht, macht, dass das, was abstrakt dem einen widerspricht, auch allem anderen mehr oder minder entgegen ist.
Um ein Wunder zu beurtheilen, ist es auch nicht nöthig, überhaupt alle Gesetze der Natur zu kennen; es genügt, jenes zu durchdringen, dessen natürliche Wirkung zu Gunsten jenes übernatürlichen Ereignisses aufgehoben wird, was seine Nöthigung gebrochen oder den Bruch herbeigeführt hat …«
Lässt sich Wunder oder, wie in diesem Falle, das Wunder der unerklärlichen Spontanheilung, besser erklären als in dem zweihundert

Jahre alten Text mit dem viel sagenden Titel: »Wunder Gottes durch Maria und seine (!) Heiligen; erzeugt zum Beweise der Wahrheit und Heiligkeit der römisch-katholischen Kirche«?

Wahre Demut bewirkt Erstaunliches

Erhard Strobel lebte in einem kleinen Städtchen in Hessen, das in der Quelle (einem Mirakelbüchlein aus dem Kirchenarchiv) nicht näher beschrieben ist. Es muss sein Heimatort in der Nähe von Königstein bei Frankfurt gelegen haben, inmitten des herrlichen Taunus.
Erhards Familie, seine rechtschaffene Frau Elisabeth und drei Kinder, konnte der Vater ordentlich ernähren, denn er hatte das Handwerk des Uhrmachers gelernt.
Tagein, tagaus sah man ihn in der kleinen, aber gut aufgeräumten Werkstatt sitzen, an dem typischen rund ausgeschnittenen Uhrmachertisch, sodass er alle seine Präzisionswerkzeuge immer fein im Auge behielt und alles schnell bei der Hand hatte, was er für die momentane Arbeit brauchte.
Vom Charakter her war er Sanguiniker, der eher ruhige, ausgleichende Menschentyp. Wie hätte er sonst dieses Handwerk ausüben können, für das Ruhe, Geduld und eine geübte Hand unbe-

dingte Voraussetzung sind? Es war eine Freude, ihn da sitzen zu sehen, mit der kleinen zylinderförmigen Uhrmacherlupe ins rechte Auge geklemmt, wie er eine Wohnzimmeruhr richtete, an deren ausgeklügeltem Schlagwerk hantierte oder sich das Innere einer fein ziselierten Springdeckeluhr vornahm, jenem Chronografen-Wunderwerk der Feinmechanik, das wortwörtlich wie ein Uhrwerk präzise gearbeitet und gewartet sein musste, um den Menschen die Zeit zu weisen.

Irgendwann stach er sich mit der spitzen Ahle in den Finger; das war nicht weiter schlimm, aber ihm fiel auf, dass die kleine Blutung, die eigentlich nur ein Tropfen auf der Fingerspitze hätte sein dürfen, nicht aufhören wollte, dass ein Tropfen, der normalerweise schnell an der Luft gerann oder durch Saugen mit dem Mund alsbald zum Versiegen gebracht werden konnte – dass diese kleine Blutung nicht wie normal verlief.

Das vergaß er jedoch wieder, bis er sich wieder stach und wiederum lange Zeit damit verbrachte, die Blutung zu stoppen.

Eines Tages, als er sich zu Hause auf dem Dachstuhl schwer verletzte, da hörte das Bluten gar nicht mehr auf. Die Ärzte, wie sie ihn in den Tagen und Wochen darauf besuchten, erkannten bald, dass sein Blut so gut wie nicht gerinnen wollte.

Ihm wurde die Krankheit zum lebensgefährlichen Damoklesschwert, er konnte bald dem Handwerk nicht mehr nachgehen, denn jede Verletzung hätte ihm das Leben kosten können.

Und, wie es so ist im Leben: Es passierte genau das, was am wenigsten passieren darf oder soll.

Erhard ward hinfällig, er stürzte immer wieder, zog sich offene Risswunden zu – bald durfte er froh sein um jeden einzelnen Tag, den er erlebte und überlebte.

Dieses Leben war nicht mehr das Leben eines tüchtigen Handwerkers, das ihn erfüllt hatte. Er lag im Bett, ließ sich pflegen, musste sich pflegen lassen. Da er die Situation sehr bewusst wahrnahm, dass er, der tüchtige Handwerksmeister, der für seine Familie da sein sollte, selbst zum Pflegefall geworden war, verzweifelte er schier.

Er gelangte an seinen persönlichen mentalen Tiefpunkt und rief aus tiefster innerer Not, aber in ehrlicher Demut, die höhere Macht um Hilfe an.

Er »verlobte sich«, wie die Chronik meldet, das heißt, er legte ein Gelübde ab, ein Ge-löbnis, ein Versprechen.

Und das Wunder geschah augenblicklich. Durch die Gnade des Herrn.
Die Kraft kehrte in Erhards überaus geschwächten Körper zurück.
Er ließ sich von mehreren Ärzten untersuchen: Sein Blut war das eines normalen Menschen.
Doch auch hiervon zeugt der Archivbericht, dass er sein Versprechen nicht vollständig einlösen wollte.
Und! Bald war der vorherige Zustand, »dass er Blut harmet vier Tage aneinander«, wieder hergestellt: »Da er heimkam, stieß ihn die Gebrechlichkeit wiederum an.«
Er lag darnieder, musste sich vor jeder kleinen Verletzung zu Tode fürchten – und verletzte sich gerade deshalb ständig!
Nun war der Schock über den Rückfall in die Krankheit so groß, dass er wahrhaft demütig wurde. Erhard eilte schnellstens zu dem Wallfahrtsort, erneuerte sein Gelöbnis – und er meinte es diesmal wirklich ernst.
Er dankte Gott dafür, dass er einmal das Wunder der Heilung hatte erleben dürfen. Er dankte sogar für seine jetzige Situation und nahm sie an, trotz des Leidens und all der schrecklichen Ungewissheit.
Und die alte Quelle darf berichten:
»Da er sich aber hinwieder zu gehen verheißen

und das anzusagen, von stundan höret auf die Krankheit.«
Er war und blieb geheilt.

Wir erfahren viel in dem Wunderbericht, der sicherlich den wahren Gegebenheiten entspricht und durch den Rückfall des Protagonisten in die Krankheit sehr an Glaubwürdigkeit gewinnt.
Zur Bitte gehört der Dank. Gott spürt genau, ob ein Versprechen ehrlich ist oder nur für den Augenblick der Not ehrlich.
Diese älteren authentischen Wunderberichte geben einen interessanten Einblick in das wahre Wesen von Krankheiten: Ein Wissen tut sich da auf, das unter Umständen heute, trotz der lobenswerten Wissenschaftlichkeit, geringer ist als noch vor hundert oder mehr Jahren. Vieles, was den Körper betrifft, stammt aus der Seele, vieles, was heute der Seele zugeschrieben wird, hat letztlich organische, körperliche Ursachen.
Aus dem geheimen Nachlass eines Arztes, den Pater Frumentius in seinem Archiv erwähnt, geht hervor, dass die Urväter der Homöopathie, die vieles »im Darm« zu finden glaubten, gar nicht so Unrecht hatten.
Und »aus dem Bauch heraus« hat Jesus immer Recht, wenn er bei körperlichen Leiden Dämonen (seelische Abnormitäten) vermutet: »Er

aber legte einem jeden von ihnen die Hände auf und heilte sie. Es fuhren aber auch Dämonen von vielen aus, die schrien: ›Du bist der Sohn Gottes.‹ Und er fuhr sie an und ließ sie nicht reden; denn sie wussten, dass er der Messias war« (Lukas 4,40).

Die Fürbitte zum heiligen Franz von Sales

Die hier wiedergegebene und genau verbürgte Erweckungsgeschichte aus der Neuzeit ist auf die Fürsprache des heiligen Franz von Sales zurückzuführen. Der Savoyer wurde am 21. August 1567 geboren, er war einer der Hauptträger der religiösen Erneuerungsbewegung Frankreichs nach den Religionskriegen.
Franz Genin ist Steuereinnehmer und Amtschreiber. Er erinnert sich und sagt später Folgendes als Zeuge aus: Wir waren Kinder damals und verbrachten die Tage nicht daheim, sondern bei einem Pfarrer. Unter Anleitung eines Herrn Crozet, dem Vikar des Pfarrers, sollten wir Latein lernen ...
Und dann kam der Tag, an dem der unbeherrschte Vikar Crozet den Bruder des Franz Genin unverhältnismäßig roh züchtigte. Er schlug den wehrlosen Buben halb tot, weil der Jugendliche seine Lateinlektion nicht richtig gelernt hatte. Das reichte den beiden Zöglingen, sie hatten nur noch Angst im Hause dieses Pfarrers

und dessen bösartigen Vikars. Sie beschlossen, zu fliehen und so schnell wie nur irgend möglich nach Hause zu den Eltern zurückzukehren.
Diese Flucht aber verlangte viel Mut und Entschlossenheit, denn wären die beiden auf halbem Wege geschnappt worden – die drakonischen Strafen wären nicht auszudenken gewesen.
Indes, alles ging gut, sie schlichen sich am frühen Morgen aus dem Pfarrhaus und waren, als die helle Sonne über der leuchtend weißen Schneelandschaft lachte und glitzerte, schon weit von dem Orte des Schreckens entfernt.
Dann kam der Fluss.
Mit dem hatten sie nicht gerechnet. Doch an eine Umkehr war nicht zu denken. Nur, wie sollten sie über dieses kalte Gewässer kommen? Eigentlich war der Fluss nicht allzu breit, aber durch den vielen Schneefall sahen sie die Wasser reichlich angeschwollen vor sich dahingleiten. Zäh wie Öl schoben die dunklen Fluten sich voran, denn das Wasser war eiskalt und gläsern – und auf irgendeine grausige Weise lockend und verlockend.
An einer Stelle ragten auch drei Planken über den Fluss, gesägte dicke Holzbohlen, die jedoch in keiner Weise ordentlich miteinander verbunden waren. Das sah man überdeutlich. Ein waghalsiger Balanceakt stand bevor.

Obwohl bei den Fliehenden die gefährliche Passage bereits beschlossen war, blieb die Angst doch riesengroß und fast übermächtig.
Sie empfahlen sich vor dem lebensgefährlichen Abenteuer dem heiligen Franz von Sales. Den kannten sie von vielen Geschichten – und Gebeten.
Der mutigere der beiden Brüder wollte zuerst gehen. Alleine, der andere sollte am Ufer warten, damit das Schwanken der Bretter nicht beide zum Fallen bringen möge. Er tappte sich nach vorn, Schritt für Schritt.
Da kam der Moment, der sich wie eine Ewigkeit gebärdet, der Moment, in dem man weiß, dass alles verloren ist …
Ihm wurde schwindelig, denn er hatte beständig auf dieses schwarze, kalte, spiegelglatte Wasser gestarrt. Er taumelte und fiel.
Gellend schrie er schrill in den sonnenklaren Wintertag hinein: »Heiliger Franz von Sales, rette mich!«
Und er verschwand in den kalten, dunklen Fluten. Auch der hinzugekommene Bruder, der nun auf dem schwankenden Holz sein eigenes Leben riskierte, vermochte den anderen nicht mehr zu retten.
Der Bruder ist völlig verzweifelt, eigentlich unter Schock, er kann nichts tun.

Zunächst rennt er am Fluss entlang, starrt bannend auf die kalt gläsernen Wasser, die sich mit bösartiger Beständigkeit vor ihm herschieben.
»Heiliger Franz!«, schrie er, betete er, stammelte er. Dann nur noch ein stimmloses Wimmern: »Heiliger Franz ...«
Nichts.
Der Bub rannte in Panik in das Dorf zurück, um wenigstens bei dem Pfarrer oder dem Peiniger Crozet Hilfe zu erflehen. Doch niemand war da. Die Leute, die er unterwegs traf, bemerkten seine Verzweiflung, aber er war zu aufgeregt, um Genaues zu sagen.
Dann musste er ins nächste Dorf, erzählte unter Tränen seine Geschichte, die immer wieder nur in dem gestammelten Ausruf endete: »Mein Bruder ... mein Bruder ...«
Doch seine verzweifelte Botschaft wurde schon von den ersten Hinzugekommenen, die ihm begegnet waren, verstanden. Als der Bub endlich wieder am Fluss stand, genau dort, wo die Katastrophe ihren Lauf genommen hatte, waren schon über dreißig Menschen da, darunter auch ein Herr Alexander Raphin, dessen Sohn der beste Taucher im weiten Umkreis war.
Der versprach auch gleich, trotz der Kälte an der betreffenden Stelle zu suchen, und ließ sich von dem immer noch unter Schock stehenden Jun-

gen sagen, wo denn der andere hineingefallen war.
Aber wer sollte denn wissen, wo die Leiche inzwischen hingetrieben ist?
Einer eigenartigen positiven Macht folgend, gab keiner der Anwesenden auf.
So folgten mehrere Tauchgänge in dem eiskalten Wasser. Schließlich erschien der Kopf des mutigen Suchers inmitten der kalten Fluten: »Ich habe ihn!«
Doch der Anblick war grausig, als der ertrunkene Bub endlich auf dem verschneiten Flussufer lag. Schwammig, aufgedunsen, tot. Er wurde mit einer Art Trauerzug zurückgetragen und in der Scheune des Dorfes aufgebahrt.
Wer von den Dorfleuten sollte da seinen ruhigen Schlaf gefunden haben in dieser Nacht?
Am Morgen des folgenden Tages war die Leiche des Unglücklichen noch hässlicher anzusehen als bei der Bergung.
Man erzählte, mutmaßte, haderte, schimpfte, zweifelte, machte Vorhaltungen, verzweifelte, betete. Das Dorf befand sich in einem kollektiven Schock.
Tags darauf kam der Sarg. Die Grube auf dem Friedhof war inzwischen ausgehoben.
Und man ging daran, den aufgedunsenen Leichnam in den Sarg zu legen. Zwei Pfarrer, der des

Dorfes und der Geistliche des Nachbardorfes, beide bereits mit der Stola rituell bekleidet, traten heran, Herr Puthod wollte die Arme des Toten packen, der andere die Beine bei den Knöcheln … Aber … Der Tote erhob einen Arm! Die Umstehenden standen starr vor Schreck.

»O heiliger Franz von Sales«, sagte da der auf der Bahre Liegende. Es klang wie eine Klage. Ganz deutlich: »O heiliger Franz von Sales!«

Das war für die meisten zu viel. Einige rannten Hals über Kopf aus der Scheune.

Etwas beherzter zeigten sich die beiden Herren Pfarrer. Sie packten den lebenden Toten und richteten ihn auf.

Der Junge saß da und schaute. Er lebte, doch sein Blick blieb nirgends haften, er schaute hinein in eine Innenwelt, die den anderen verschlossen blieb.

Und alle Umstehenden konnten sehen: Das Aufgedunsene war weg, das grausige Antlitz des Todes war aus dem bleichen Gesicht gewichen. Hier saß der Knabe, wie man ihn kannte, mit seinen bekannten glatten und jungen Gesichtszügen.

»Kennst du mich?«, fragte Herr Puthod da und sah ihm fest in die Augen.

»Ich kenne den seligen Franz von Sales, er ist mir erschienen und hat mir seinen Segen gegeben.«

Der Knabe blickte immer noch mehr nach innen denn nach außen, er schien etwas zu sehen oder sich intensiv an etwas zu erinnern, während er erzählt: »Der heilige Franz ... der Diener Gottes ... mir ist ein Bischof erschienen ... in einem wunderbaren Gewand.«
Dann schien der Bub wirklich zu sich zu kommen und klagte über arge Schmerzen in den Gliedern. Und tatsächlich. Sein Körper war übersät mit groben Abschürfungen, die er sich beim Sturz auf die schwankende Holzplanke oder unter Wasser an Baumstämmen oder kantigen Steinen zugezogen haben musste.
Später besuchte der Knabe das Grab seines längst dahingegangenen Lebensretters, des heiligen Franz von Sales (der Titel heilig oder selig wird in den Quellen stets verschieden angegeben). Der begleitende Pfarrer Puthod gab ihm den Rat, sich auf das Grab des Gottesmannes zu legen. Daraufhin waren augenblicklich alle Wunden, Prellungen, Abschürfungen verschwunden.

Bei keinem Wunder der Heilung wird das unglaubliche Eingreifen einer Macht, die unendlich weit über dem menschlichen Verständnishorizont steht, so extrem veranschaulicht wie bei der Totenerweckung. Ist und bleibt doch der Kern unserer christlichen Botschaft und Heils-

lehre die Auferstehung des Herrn, also eine Erweckung des vor vielen Zeugen am Kreuz gestorbenen, später beerdigten Jesus Christus. Seine Auferweckung, und damit das Osterereignis, wird im Neuen Testament vorweggenommen in der Erweckung des Lazarus; sowohl Lazarus (auch hier schildert die Bibel sehr anschaulich den beginnenden Verwesungsgeruch) als auch Jesus verweilen drei Tage im Reich des Todes, ein uralter Archetypus des Heilsschlafes.
Denn der dreitägige Tempelschlaf, der Schlaf des Todes, auch »Tod im Leben« genannt, wie er einem neuen, einem geistdurchdrungenen Leben vorausgehen muss, taucht schon in uralten Mysterien auf, begegnet uns in Märchen wie Dornröschen und Schneewittchen (interessant sind auch die Wächter der Schlafenden). Der Tod im Leben und seine Variationen begleiten uns in den verborgenen Kräuterkünsten der Hexen (Schlafmohn etc.) und ziehen sich bis zu Einweihungsritualen geheimer Gesellschaften, die heute noch uraltes Wissen transportieren.

Die heilende Kraft einer Reliquie

In der Stadt Amalfi lebte dereinst Pasquale, ein aufgeweckter Knabe von acht Jahren, von dessen Vater nur der Vorname Stefan überliefert ist.

Sein Sohn, der kleine Pasquale, war ein liebenswerter und quirliger Kerl, aber sein Schicksal ging hart mit ihm um, weil er »infolge eines heftigen Augenübels dergestalt blind wurde, dass er gar nichts sah«.

Die Ärzte von Amalfi hatten längst alles versucht, auch die Professores aus der Stadt Neapel wurden von den wohlhabenden, aber verzweifelten Eltern hinzugezogen; schließlich waren jedoch alle Fachleute der Heilkunde, so verschieden deren Ansichten und Heilungsgepflogenheiten auch sein mochten, einig: »Nichts zu machen. Der Junge ist blind.«

Alle an der Fürsorge für den Knaben Beteiligten fügten sich in den Urteilsspruch und auch er selbst gab alle Hoffnung auf.

Was man nicht sehen kann, ist jedoch immer

noch mit dem Auge der Vorstellungskraft erfassbar.
Eines Tages erschienen zwei Punkte unweit des Horizonts, diese sich bewegenden Punkte wurden größer und größer, wuchsen in die Länge, bis sie sich in wandernde Mönche verwandelten, die dem Erlöserorden angehörten.
Die zwei Padres vom Erlöserorden kamen also nach Amalfi. Sie besorgten dies und das für ihr Kloster und wo sie konnten, da halfen sie und fielen auf durch ihren medizinischen Scharfblick und ihre sonderbare und leise Fähigkeit zu heilen.
Ohne Geld arbeiteten sie, aber mit Gott. Sie nahmen nichts und gaben viel. Gut: Wenn ein Geheilter oder dessen Familie ihnen aus Dankbarkeit etwas gab, dann wurden sie nicht durch übertriebene Zurückweisung unhöflich.
Diese beiden Padres erfuhren nun auch von dem erblindeten Knaben. Sie fragten in eigenartiger Akribie nach den Begleitumständen, die dem Verlust des Augenlichts vorausgegangen waren. Dann schien der eine der beiden einen spontanen Einfall zu haben.
»Alfons Maria von Liquori«, sagte er nur.
»Genau«, stimmte sein Mitbruder ein, »ich habe auch das Gefühl, eine Reliquie dieses Heiligen würde in dem Falle helfen!«

Der andere sah ihn nur an. Die beiden verstanden sich, ein zustimmendes Nicken der Köpfe war gar nicht nötig.
Und sie empfahlen, was sie dachten.
Man besorgte also in der nahen Kirche eine Reliquie des Heiligen – dies war durch Vermittlung des Geistlichen möglich – und legte dann das spirituelle Kleinod auf die blicklosen Augen des Pasquale.
Und fast genau in dem Moment, da es geschah, kehrte die Sehkraft in beide Augen zurück.
Die Umstehenden erkannten, wie der Blick fest wurde, wie der Knabe sich erstaunt aufrichtete, umsah, die Mutter erkannte und der überglücklichen Frau jubelnd um den Hals fiel.
Er konnte sehen wie jeder andere.

»Bei der Gelegenheit der feierlichen Canonisation, welche der unsterbliche Gregor XVI. mit dem heiligen Franz Hieronymus, dem Jesuiten, vornahm, da er ihn als besonders gnadenreich und wunderthätig erfand, ward in dem Verzeichnisse der zur allgemeinen Belehrung vorgemerkten Heiligen auch St. Alfons Maria von Liquori, der Gründer der Congregation des allerheiligsten Erlösers und Bischof von St. Agata von den Goten, angepriesen …«, so lautet der

Originaltext, der belegt, dass dieses Wunder von höchster Stelle Anerkennung fand.
Und es heißt weiter über den Heiligen: »... der sich durch den Glanz seiner Tugenden und durch Wunder, die er noch im Tode wirkte, auszeichnete.«
Die wunderheilende Berührung mit einer Reliquie beweist uns mehreres. Zum einen, dass sich die Heiligkeit, eigentlich ein rein spiritueller Wert, ebenfalls in materiell-körperlichen Belangen kundtut. Davon zeugt die Wirksamkeit von Heiligenreliquien auf der ganzen Welt.
Zum anderen aber, dass durch die Berührung eine nichtmaterielle Kräfteübertragung vonstatten geht, die dann sehr materielle Folgen hat (Wiedererlangung des Augenlichtes).
Schließlich das vollzogene Ritual, dessen Macht und Wirksamkeit keiner unterschätzen sollte.

Die taubstumme Anna wird geheilt

Durch mehrere Zeugenaussagen, die bis heute vorliegen, alle sorgsam dokumentiert sind und im 18. Jahrhundert der Seligsprechung der »Wunder-tätigen Maria von der Menschwerdung« zugrunde lagen, ist das folgende Heilungswunder an einem taubstummen Mädchen beweisbar und in mehreren Protokollen niedergelegt. Im Jahre 1791 wurde dies Wunder von der Kirche offiziell anerkannt.

Anna le Signe, Tochter von Nikolaus le Signe und dessen Gattin Susanna Cuveron, war mittlerweile sieben Jahre alt geworden, ohne auch nur eine einzige Silbe zu sprechen. Zunächst glaubten die Menschen, das feingliedrige Geschöpf mit den langen rötlichen Haaren sei geistig zurückgeblieben. Bis man indes anhand einfacher Experimente feststellen konnte, dass Anna überhaupt nichts hörte. Sie reagierte auf keinerlei Lärm, auch nicht auf Gebrüll, Paukenschläge gar oder Büchsenschüsse, die man direkt in ihrer Nähe abfeuerte.

Nichts.
Da sie nichts hörte, konnte sie auch keinen Laut artikulieren, weil sie die mannigfachen Schwingungen, die uns alle beständig umgeben und zur Umsetzung in formbare Laute führen, gar nicht kannte. Nun fiel jedoch auf, dass dieses feinsinnige Mädchen mit eigenartig teilnehmendem Interesse Mensch und Tier beobachtete – dass also dies Kind keineswegs geistig zurückgeblieben war.
Sie war eben nur anders.
Und manchmal wirkte sie so, als würde sie lediglich abwarten. Geduldig abwarten, bis ihre Zeit gekommen sei.
Eine der zahlreichen Zeugenaussagen – der vorliegende Bericht stammt aus dem Jahre 1630 – kündet unter anderem davon, wie die Kunst und auch das Wissen der damaligen Ärzte vollends versagten. Nicht nur war es leider so, dass keiner helfen konnte, nein, man wusste nicht einmal über den Grund der Sprachlosigkeit Bescheid.
Wie so oft versuchte die Schulmedizin, den Grund des Leidens auf körperlicher Ebene zu finden: Vielleicht fehlte an der Zunge des Mädchens das Zungenbändchen? Derlei Mutmaßungen stellte man an, genau wie heute. Doch helfen konnten sie nicht.
Eines Tages trat jedoch eine dramatische Wen-

dung ein. Hören wir den Bericht der Frau Maria l'Anglois:

»Ich konnte die Stummheit des zarten Mädchens, das immerzu nur da saß und einen wissend mit den so sprechenden Augen verfolgte, nicht mehr mit ansehen. Sie tat mir unendlich Leid. Und ich spürte, dass Gott helfen könne. Irgendwie war mir klar, dass Gott diesem Geschöpf ganz nahe war. Da begann ich, zur seligen Maria von der Menschwerdung zu beten.

Tage später begab ich mich zu dem Kind. Ich stieg die Treppen hoch, trat in das Zimmer …

Anna wandte blitzschnell den Kopf zu mir, kaum als ich ins Zimmer getreten war. Sie stand allerdings mit dem Rücken zu ebendieser Tür – und damit zu mir.

Also musste sie mich gehört haben.

Und ihr Blick, ihr Lachen. Das alles sprach Bände.

›Wie geht es meinen Brüdern?‹, fragte sie mich unverwandt, ganz ohne Gruß. Noch ehe ich zu einer Antwort fähig war, verlangte sie nach Brot. Sie hätte ordentlich Hunger, meinte sie.«

Und der Bericht des Vaters Nikolaus le Signe, der als Zeuge Nr. 95 (!) aussagte, schließt: »Wenige Tage nach der Novene ließ ich sie zurückbringen nach Paris in mein Haus und ich erkannte und stellte fest, dass wahr war, was meine Mutter

uns geschrieben hatte, und es ist vollkommen richtig, dass sie spricht nach Belieben und sehr gut hört, was ihr gesagt wird.«
Die kleine Anna entwickelte sich übrigens genau so wie Kinder ihres Alters, hatte keinerlei Schaden, vielmehr eine besondere Begabung: Sie fühlte mehr als andere. Kein Wunder.

Diese wahre Wunderheilung geht, wie so viele, auf innige Fürbitt-Gebete zurück. Und die selige Maria von der Menschwerdung hat diese wunderbare Heilung dann ermöglicht. 1791 wurde das Wunder bei der Seligsprechung anerkannt. Man sollte trotzdem anmerken:
Es ist immer Gott, der die Wunder tut, niemals ein Mensch. Menschen sind die Werkzeuge Gottes.
Die Wunder-Vollbringerin, an die all die Gebete gerichtet waren, ist Maria von der Menschwerdung, eigentlich Madama Acarie. Sie ist am 22. Februar 1566 in Paris geboren und am 18. April 1618 in Pontoise gestorben. Diese Mutter von sechs Kindern soll auch ein Vorbild ehelicher Liebe gewesen sein, trotz eines sehr schwierigen Mannes. Als Witwe trat sie dann im Jahre 1614 dem Karmel von Pontoise bei.
Jedes Wunder ist ein Zeichen. Hier: die Sprache wiederfinden. Geformte Schwingungen, Laute

mit Geist, Worte also, sie sind Macht, sind schöpferische Energie. Jede Krankheit spricht zu uns. Diese stumme Sprache der Krankheit zu erkennen ist ein großer Teil der Heilung: Hören wir zu. Die Sprache der Wunder weist uns den Weg.

Die verweigerte Dankbarkeit

»Saget dass er an der Gelsucht so krank wäre gewesen, dass ihm die Ärzte sein Leben ganz abgesagt hätten«, so beginnt der Bericht von der wundersamen Heilung des Erhard Mor.
Hinter dem Ausdruck Gelsucht ist wohl eine Art innere Entzündung im Bauchraum zu verstehen, die sich vor allem an den Gedärmen ausbreitete.
Er lebte in der Stadt Trient »zwischen dem Etschlande und welischen Lande«.
Die Geschichte seiner Wunderheilung verlief folgendermaßen: Eines Tages wurden die Beschwerden in seinen Innereien immer größer und dazu auch unerträglicher. Die Kunst der Ärzte versagte in dem traurigen Falle, man konnte das Leiden Erhards nicht einmal genauer benennen.
Schließlich sprach man gar von einem inneren Verfaulen und gab ihn auf. Die unangenehmen Gerüche, die aus seinem Mund kamen, deuteten darauf hin, dass es schlimm um ihn stand.

Es war dem Odem des Todes, der bereits entströmte.
Da wandte er sich an die höhere Macht, flehte um Hilfe und da die Schmerzen unerträglich geworden waren und er an seinem mentalen Tiefpunkt angelangte: Er stellte keinerlei Bedingungen. Vielleicht lässt sich seine verzweifelte Lage mit echter Demut umschreiben. Das Leid, das ihn in seinem Innersten zerfraß, war so unerträglich, dass der Verstand, jede Art von Ratio ausgeschaltet war. Er betete, flehte, bat, rang um jede, wirklich jede Art von Besserung.
Und die kam denn augenblicklich. »Hätte sich sein Sach von Stund an in Besserung begeben, wäre auch gar kürzlich und übernatürlich gesund worden«, so erfährt man im Mirakelbüchlein von Jacobus Issickemer.
Zunächst verursachte das Nachlassen des gröbsten Schmerzes eine schier unglaubliche Erleichterung, dann, am nächsten Morgen, da er vollkommen schmerzfrei aus abgrundtiefem Schlaf erwachte – da glaubte er vor Glück fliegen zu können!
Wie lange war es her, dass er die hellen und wärmenden Strahlen der Sonne bewusst wahrnehmen hatte können? Er spürte ein wohliges Kitzeln auf Händen und Gesicht, spürte, ja wusste,

dass das Leben ihn wiederhatte, und er gab sich hemmungslos der Freude hin.
Erhard war wirklich geheilt.
Mit der Gesundheit war allerdings die Demut des Schwerstkranken wie weggeblasen. Das alte Ego machte sich in seinem Denken breit und ließ ihn seinen so wahrhaft an Gott gerichteten Verlobungsspruch, also das Versprechen eines Dankesgangs zur nahen Wallfahrtsstätte, schier ganz und gar vergessen.
Wollen wir es dem Geheilten nicht zu sehr verübeln, es liegt eben in der Natur vieler Menschen, dass dem Bitten kein Danken folgen will. Das nun Folgende hat mit der aufgezeigten Wunderheilung eines Schwerkranken wenig zu tun, es demonstriert jedoch, dass Gott, der Vater aller sichtbaren und unsichtbaren Dinge und damit auch des Heilungswunders, bisweilen sehr nachdrücklich auf einem einmal gegebenen Versprechen bestehen kann: Denn er strafte den Gesunden nun auf seine Weise!
Nicht, dass Erhard wieder krank werden musste, nein, ihm war es aufgesetzt, als gesunder Mann schwere Unbill zu ertragen: »Hätte Gott über ihn verhängt, dass er um eines Todsschlags willen in einem Auflauf und Gefecht beschehen ins Gefängnis wäre kommen. Also versichert, dass man ihm große starke Ketten

und Eisen an Händen, Beinen und Hals gelegen hätte ...«
Er geriet also in einen Konflikt, mit dem er eigentlich nichts zu tun hatte, und der Unglückliche endete in Ketten.
Die Geschichte hat also kein versöhnliches Ende und ist eines von mehreren Beispielen, was passiert, wenn in tiefer Not gemachte Versprechen nicht eingehalten werden. Dankbarkeit nicht nur zu empfinden, sondern auch anderen gegenüber zu leben ist etwas sehr Wesentliches. Darüber belehren uns diese Heilungswunder.

Wenn auch der Zusatz der Geschichte des Erhard Mor, die Erzählung von einer schweren Schlägerei und anschließendem Zuchthaus, mit der Wunderheilung nichts zu tun haben mag, so weist der alte Text doch, wie bereits erwähnt, auf die besonders wichtige Rolle der Dankbarkeit hin – des ehrlichen Dankes nach erfolgtem Wunder!
Vielleicht ist das Gefängnis mit den Ketten symbolisch zu sehen: Der Geheilte gerät wiederum in die Gefangenschaft des eigenen Ego – vielleicht dem allerschlimmsten Gefängnis auf Erden.

Gebet und Hoffnung für die gelähmte Anna

Erhard Wustumb zu Kirchenlauben im Bistum Regensburg kam in heller Aufregung zu seinen Freunden gelaufen. Mit schnellen Schritten durchmaß er die Korridore des Rathauses, da er dort in dem weiträumigen Festsaal alle versammelt wusste, die ihn kannten.
Wegen des feierlichen Anlasses, den dieser Tag im Frühling bot, waren nicht nur die Männer dort versammelt, auch die Damen standen, hochherrlich geschmückt und in festlichen bunten Gewändern, in dem großzügig erbauten Raum unter dem hohen Kreuztonnengewölbe.
Trotz des allgemeinen Stimmengewirrs war das Aufschlagen von Erhards Schuhsohlen auf dem schweren Holzboden zu hören, so ungestüm kam der gesetzte und beleibte Herr angerannt. Und seine Stimme überschlug sich beinahe:
»Anna ist geheilt!«
Das fröhliche Durcheinander der Unterhaltungen verstummte augenblicklich.

»Sie kann laufen! Sie kann die Hände bewegen!«

»Deine Tochter Anna kann wieder gehen?«, so kam es ihm aus der Gruppe der erstaunt dreinblickenden Zuhörer entgegen.

»Ja! Ja! – Sie ist vor drei Stunden aus dem Bett gestiegen, geht in der Wohnung umher, hält Puppen in ihren Händen …«

Erhard hatte Tränen der Rührung, der Erregung, der Erleichterung in den Augen. Die Worte quollen nicht nur aus seiner Kehle, sondern auch aus der überglücklichen Seele eines Vaters, dessen Kind durch Gottes Gnade von einem grausamen Übel befreit worden war.

»Kommt! Seht selbst!«

Doch keiner hatte auch nur den geringsten Zweifel. Erhard Wustumb war als hoch angesehener Mann im Magistrat bekannt. Trotzdem beschwor sie der rundliche Mann immer wieder: »Kommt, überzeugt euch selbst!«

Anna konnte bis zu jenem Tag weder Hände noch Füße bewegen. Und ebenjene Anna sah man noch am selben Nachmittag auf der Straße laufen, hüpfen, spielen. Sie war tatsächlich von einer Lähmung sämtlicher Gliedmaßen befreit, die allen behandelnden Ärzten unerklärlich geblieben war. Der Lähmung war damals eine eigenartige seelische Veränderung vorausgegangen. Immer stiller und in sich gekehrter ward das

kleine Mädchen geworden – und dann kam diese wirklich bösartige Lähmung, die ihr drei Jahre der Kindheit geraubt hatte.
Erhard Wustumb hatte in all der Zeit inständig zur heiligen Mariam gebetet und den Glauben an die Genesung seiner Tochter nie aufgegeben. Die lebte nun durch Gottes Gnade übernatürlich gerettet und blieb gesund ein langes Leben lang.

Krankheiten sind im Alten und im Neuen Testament nicht nur körperliche Phänomene oder sie gehorchen, schon fortschrittlicher gedacht, psychischen Ursachen, die sich dann im körperlich-materiellen Bereich niederschlagen.
Krankheiten sind zumeist eine abzutragende Schuld oder das Werk von Dämonen, die von der betreffenden Person Besitz ergriffen haben. Wie wichtig wäre es für Leidende unserer Tage, den alten Schuld-Gedanken, der sich zumeist im Unterbewusstsein eingenistet hat, zu erkennen und zu überwinden.
Auch im Falle Annas hat das Beten ihres Vaters das Wunder möglich gemacht. Deshalb an dieser Stelle ein Heilungsgebet:
»Im Namen des dreifaltigen Gottes, durch die Fürsprache der unbefleckten Jungfrau und Gottesmutter Maria, des heiligen Erzengels Michael, der Heiligen Petrus und Paulus, des hei-

ligen Benedikt und aller Heiligen sollen alle dämonischen Mächte gebunden und verstoßen sein; sie sollen keinerlei Schaden mehr zufügen, weder an mir noch an meinen Mitmenschen. Auch sollen alle dämonischen Verwünschungen und Angriffe jeder Art unwirksam sein und sich zum Segen für mich und die Mitmenschen verwandeln.
Ich bitte für meine Feinde und für jene, die sich zu Handlangern des Bösen gemacht haben: Vergib ihnen ihre Schuld, führe sie zur Einsicht und Umkehr, entreiße sie den Fängen des Bösen.«

Die Pilgerfahrt von Herzen

Im Bamberger Bistum lebte ein Mann, der Conrad Schwartz hieß. Die Chronik nennt als seinen Wohnsitz »Allendorff bei Bayenreut« (Bayreuth). Conrads Leben verlief ganz im bürgerlichen Sinne des rechtschaffenen Handwerkers vor etwa zweihundert Jahren: Er wuchs in einem gefestigten Glauben heran und hatte das Glück, dass er mit dem Gottesbild eines liebenden Vaters erzogen wurde.
Tatsächlich hielt Gott auch ständig seine segnende Hand über Conrad, der verlebte Kindheit und Jugend inmitten einer harmonischen Familie, lernte das Handwerk des Fassmachers und fand auch die rechte Frau fürs Leben in der Tochter eines Zunftmeisters. Von da an kam zu seinem Fleiß und seinem Können auch eine solide finanzielle Grundlage für Hausstand und Familie.
Es ging ihm offensichtlich gut. Doch irgendetwas nagte an ihm, denn mit der Zeit machte sich eine Unmäßigkeit im Trinken breit, die

interessanterweise mit einer zunächst gleichgültigen Haltung im Glauben, später dann mit dem Anflug höhnischer Verachtung der Kirche gegenüber einherging.
Er gefiel sich in Hohnreden und hielt sich dabei für besonders klug; in manch geselliger Runde wunderten sich die guten und sogar die schlechten Freunde oft, was er für eigenartige Sachen sagte.
Eines Tages erkannte er, dass es ihm längst nicht mehr so gut ging, wie er dies ein Leben lang gewohnt gewesen war.
Nur, was konnte der Grund sein?
Das, was wir heute so weitschweifend seelische Befindlichkeit nennen, geriet immer mehr aus dem Gleichgewicht. Er sprach zu seiner Frau von der Veränderung und die bestätigte unter Tränen, er sei längst nicht mehr der, den sie einst gekannt habe.
Dann trat ein sehr eigenartiges körperliches Symptom auf, das in dem alten Text so beschrieben wird: »dass ihn angestoßen wäre ein Krankheit, dass er zu Mund und Nasen überflüssig geschweißet hätt und seiner Sinne wurde beraubt.«
Noch geheimnisvoller und unheimlicher ist die ärztliche Therapie, die man mehr gegen als für ihn bereithielt: Hielt man ihn doch nun, bei

all den Symptomen, die man sah, für derart unberechenbar, »dass man ihn an einen Trog band«.

Offensichtlich war er durch seine Krankheit so sehr der Sinne beraubt worden, dass man keinen anderen Ausweg sah. Sie hielten Conrad für unberechenbar und verrückt.

Trotz allem fand Conrad noch Zeit und vor allem den Geist, die Jungfrau Maria anzurufen. Nicht nur einmal, immer wieder schickte er innige Gebete zum Himmel. Die Zeit zu beten hatte er ja.

Als er da so lag, angebunden und angewiesen auf Pflege, die eher grob als liebevoll war, als er eben sein Schicksal in die Hände Gottes und Mariens gegeben hatte, da wunderte er sich, dass er die Situation ungewöhnlich klar sah. Er erlegte sich leichte Denkübungen auf, dann schwerere und tatsächlich, sein Geist funktionierte. – Oder träumte er nur?

Er hatte das Bedürfnis zu sprechen und richtete das Wort an den nächsten Menschen, der an seinem Gefängnis auftauchte. Das war seine Frau Margaret. Die wunderte sich jedoch bereits im allerersten Moment, da sie ihn sah: Denn die Augen des wochenlang als verrückt Geltenden waren klar und liebevoll. So hatte er sie lange nicht mehr angesehen. Sie sagte es ihm und er antwortete, dass er sich wohl fühle wie schon lange nicht mehr und vollkommen klar im Kopf sei.

»Du redest auch ganz anders«, sagte die leidgeprüfte Frau unter Tränen. Sie hatte ihn schon aufgegeben gehabt und sich darauf eingerichtet, einen Wahnsinnigen zu besuchen und pflegen zu müssen, solange der lebte.

Bald waren Ärzte da, man löste vorsichtig seine Stricke und war voller Erstaunen, denn Conrads Rede blieb klar und intelligent, er sprach von seiner eigenen Situation, erinnerte sich jedoch nicht an den Verlust der Sinne (das ist typisch, denn jede Einschränkung der Wahrnehmung wird natürlich selbst ebenso wenig wahrgenommen) – aber er erzählte begeistert und mit leuchtenden Augen von seinen Gebeten zu Maria. Und auch ein starkes und angenehmes Lichterlebnis, in dessen Zentrum die Jungfrau stand, wusste er zu berichten.

Maria hatte geholfen und seine Krankheit von ihm genommen: »Also kam er von Stund an zu Vernunft und Gesundheit«, erzählt das Mirakelbuch.

Doch folgte der wundersamen Erhörung der Bitte nun leider nicht der gehörige Dank. Conrad ging wohl zum Wallfahrtsort, allerdings nur der Form halber, es fehlte ihm der heilige Ernst. Da

schickte ihn die höhere Macht wieder ins Leiden – und diesmal noch stärker als vorher.
»Darum, da er wieder heimkam, stieß ihn die vorige Krankheit wiederum an. Und da er zum dickermal fiel, als hätt den fallenden Siechtum. Suchet viel Rates und Arznei, half nichts ...«
Nun kam auch noch eine Art Fallsucht dazu, er stürzte mitten im Alltag ohne Ankündigung. Das Vertrauen seiner Umwelt, seiner Familie und seiner Freunde in seine Heilung schwand. Schlimmer noch: Einige reagierten sogar mit Wut und Zorn statt mit christlichem Mitleid.
Man hielt ihn für verrückt wie ehedem und behandelte ihn auch so.
Er aber kämpfte weiter: »Erhob sich darnach aus Gelübde zu gehen zu sankt Valentin gen Ruefach, kam etwan fern, konnte aber einen Schritt nit weiter gehen ...«
Sein wirklich guter Wille zu einer ernst gemeinten Wallfahrt scheiterte also an jener krankheitsbedingten Unfähigkeit, zu gehen.
Aber, nichts da.
»Der Wille ist stärker als der Geist und der Körper sein mögen«, so sagte er und schleppte sich, zitternd und schweißtriefend zu einem Gnadenort. Seine jämmerliche Erscheinung bei diesem demütigen Unternehmen war so anrührig,

dass eine Menge neugieriger Menschen ihm folgten.
Und sie erlebten das endgültige Wunder!
»Da er das Gelübd tat, kehret er wieder auf dem Weg und im Antreten des Wegs wurde er ganz frisch und gesund als wäre ihm nichts gebrochen, versprach sein Gelübd mit großem Lob Gottes und der Jungfrau Maria.«

Dies Wunder findet sich in dem Mirakelbüchlein des Jacobus Issickemer.
Pater Frumentius schrieb über solche Wunder: »Betrachtet man daher aufmerksam alle Umstände, die das erwähnte Factum (= das Faktum des Wunders!) begleiten, sowohl Ursache als Zweck, die Eigenschaft der Person, dann Ort und Zeit seines Auftretens [...], so wird man, wie gesagt, zu dem Schlusse kommen, dass dies Ereignis ohne Zweifel eine göttliche Wunderwirkung gewesen sei, und zwar unter den günstigsten Verhältnissen, da nach der unfehlbaren Lehre und den eigenen Worten des heiligen Paulus [...] die Wunder nicht für jene gewirkt werden, welche glauben, sondern für die, welche nicht glauben.«
(Siehe dazu auch die Wundergeschichte Seite 80 ff. Warum Valentin [fall net hin] von der Fallsucht heilt.)

Das heilende Bildnis

»Ferdinand Pretel von Mendoza, Vorsteher des Marquisats von Lombai, ging im Jahre 1603 in Geschäften seines Herrn, des Herzogs von Gundia, nach Valladoid.« So beginnt der wahre Wunderbericht im Kirchenarchiv.

Diese Reise war alles andere als erholsam, ganz im Gegenteil, Ferdinand erkrankte, kaum dass er am Bestimmungsort ankam, an der Pest »und es zeigten sich bald Spuren von Raserei und Geistesverwirrung an ihm«.

Immerhin waren zwei königliche Ärzte an Ort und Stelle, die sich leidlich um seine Genesung bemühten, auch durchaus Erfahrung hatten, denn die Pest war in dieser Zeit ein allgegenwärtiges Schreckgespenst. Doch ebendiese Erfahrung und der Zustand des Erkrankten ließen die beiden Mediziner resignieren: Sie gaben ihn auf. Schon hatte er die letzte Wegzehrung und Letzte Ölung empfangen; er lag, wie die Quelle meldet, »durch drei Tage bewusstlos, halbtodt, ohne Speise zu sich zu nehmen, dahin …«

Nun entstand aus den Reihen der besorgten Anwesenden die Idee, dem Sterbenden ein Bildnis des heiligen Ignatius von Loyola zu bringen und direkt in dessen Blickfeld aufzustellen.
Der Chronist fügt an dieser Stelle recht persönlich an: »Ich weiß nicht, ob man ihn dadurch zum Tode vorbereiten oder für sein Leben etwas thun wollte.«
Trotz der für alle Umstehenden so sichtbaren geistigen Verwirrung des Patienten und dem damit verbundenen wirren Blick gelang es Ferdinand sofort, das Bild des berühmten Jeuitengründers Ignatius fest und intensiv zu fixieren. Ja, man hatte durchaus den Eindruck, dass in diesem Moment Kraft und Leben in die eben noch verschleierten und auch beängstigend vom Wahnsinn flackernden Augen des Kranken geschossen waren.
Es schien darüber hinaus eine Art geistiger Sammlung in ihm stattzufinden, das Wahnsinnige wich zusehends, der Blick beruhigte sich und gewann Klarheit; er wirkte nun gefasst, redete gezielt und deutlich über das Bildnis und fing dann an, um Beistand und Genesung zu beten.
Daraufhin sank er in einen Frieden bringenden Heilschlaf: »Ein wohlthätiger, einige Stunden dauernder Schlaf war die nächste Folge und gleichsam ein Pfand der Erhörung.«

Als er aufwachte, da war er schon so gut wie geheilt. Er sagte, dass er Hunger habe – ein gutes Zeichen, wie so oft! Er bekam Speise und aß ordentlich.
Im Sekundentakt schoss jetzt Lebenskraft in ihn hinein, füllte seine Adern, seinen Geist und sein wieder erwachtes Wollen, »dass er binnen fünf Tagen, wie seine Geschäfte verlangten, sich auf die Reise machen konnte und durch gebirgige Gegenden in der rauesten Winterszeit durch neun Tage von Valladolid nach Valencia ritt«.
Dieses so erfreuliche Heilungswunder hatte jedoch ein eigenartiges Nachspiel. Denn das, was im Anschluss daran bei ganz anderen Menschen geschah, zeigt wiederum die Kraft des wundertätigen Jesuitengründers, die Macht zu heilen – nur andersherum:
Das eben geschilderte Geschehen sprach sich nicht nur in der näheren Umgebung herum.
In Arboes, einem Ort in der Grafschaft Burgund, predigte ein redebegabter Mönch. Der malte das in dieser Zeit des barocken und fromm-vitalen Denkens so typische Szenario von Himmel und Hölle und riss seine Zuhörer mit seinen Worten förmlich mit. Emporgetragen von der Hingabe der Massen, kam er auch auf das Heilungswunder des Ferdinand zu sprechen, malte es in grellen Wortfarben und stellte zum Schluss

seiner Rede Ignatius von Loyola wahrheitsgemäß als großen und gottgesegneten Wundervollbringer hin.
Ein gewisser Doktor Gillabos hörte ihm zu. Er war fasziniert von dem Vortrag, doch sein geschliffener Geist wollte nicht glauben, sondern analysieren, zerdenken, zerreden.
Da er feine Sitten hatte, lud er den Prediger und viele Freunde zu einem ausladenden Mahle zu sich nach Hause ein. Und sosehr er auch als freizügiger Gastgeber und Weltmann mit einnehmendem Wesen überzeugte, so sehr lauerte er innerlich auf die Möglichkeit, den Wundertäter zu verspotten. Die Gelegenheit kam, als der Predigermönch nochmals zum Inhalt seiner Predigt zurückkehrte, dabei betonte, wie ernst er es diesmal gemeint habe – und den heiligen Ignatius über alle Maßen lobte!
Da holte Doktor Gillabos tief Luft, rief: »Was! Der!«, mit einem so verächtlichen Unterton, dass die Gesellschaft verstummte. Nun, da er sein erwünschtes Forum hatte, rief er dröhnend in den Saal, »dass der Stifter der Jesuiten höchstens Zahnschmerzen heilen konnte, sonst aber nichts weiter im Stande war«.
Die Gäste sagten gar nichts, waren peinlich berührt. Die meisten blieben tief verärgert sitzen und mancher von ihnen wünschte sich inner-

lich, niemals hierher gekommen zu sein. Denn der so grob angegriffene Predigermönch war sympathisch und sehr überzeugend nicht nur in Worten, sondern auch in Taten.

Also überging man das soeben Gehörte. »Und da das Haus [...] den heiligen Ignatius sehr verehrte, sprach man nicht weiter über diesen Gegenstand und ein düsteres Schweigen bemächtigte sich aller.«

Dem Spötter wurde eine Zeit der Schonung gewährt. Vielleicht kam er von selbst zur Einsicht, war doch nun auch die Fastenzeit angebrochen. Der selbstgefällige Doktor blieb jedoch zu sehr auf sich selbst bezogen und deutete jenes betroffene Innehalten der Unterhaltung immer wieder als Beifall.

Bis er, durch mehrere gottgefügte Zufälle, in eine Gesellschaft geladen ward, in der auch der damalige Freundeskreis zugegen war. Und auch der junge Prediger stand da. – Nun erschien Gott der Zeitpunkt richtig, den Anmaßenden zu züchtigen.

Doktor Gillabos sprach heftig dem Weine zu.

Aber! Dann!

»Als er eben ein Gefäß mit Wein zur Hand nahm, um zu trinken, hielt er plötzlich mit Entsetzen an und schrie, dass ihm die Zähne gebrochen seien und er den Mund nicht mehr öffnen könne; zugleich schlossen sich krampfhaft seine Backen, er konnte nicht mehr sprechen, sondern nur ein ängstliches Brüllen und Stöhnen hervorbringen.«

Schlimmer noch: »Hierauf verfiel er in Raserei und Convulsionen …« Er wurde also zum Besessenen, bekam Krämpfe gleich dem durch ein Wunder geheilten Ferdinand, über den er sich in so übler Weise lustig gemacht hatte.

Er schlug nun, sich wie ein peitschender Wurm am Boden windend, so vehement um sich, dass fünf bis sechs Männer herbeistürzten, um ihn zu packen und mit wenig sanften Pranken festzuhalten und wegzubringen, damit er für die Öffentlichkeit weder als Anblick noch als Gefahr übrig bliebe.

Man rief alle Ärzte der Umgebung herbei, die aber vermochten nichts auszurichten, nicht einmal das Symptom war zu deuten, da es »durch Gottes Zulassung« über den Gillabos gekommen war.

Der Todkranke musste noch drei Tage in dem elenden Zustande verbringen.

»Nach dieser Zeit, während er nicht mehr zum Gebrauch seiner Sprache kam und weder seine Umkehr noch sonst etwas bezeugen konnte, starb er eines elenden Todes.«

Dem Volke war dieses harte Ende ein deutliches

Zeichen, dass man von einer Gestalt wie dem heiligen Ignatius mit Achtung zu sprechen habe.

Heilungswunder, Wunderheilungen sind eine besondere Gnade, sie sind nicht fassbar und begreifbar. Deshalb ist es nicht verwunderlich, dass sie schnell angegriffen, angezweifelt und ins Lächerliche gezogen werden. Das wissen alle seriösen Wundertäter und Jesus wusste es am besten, wenn er nach dem Wunder das so genannte Schweigegebot aussprach.
Diese Geschichte zeigt besonders durch den sonderlichen Anhang, dass das Wunder an sich wirklich eine wirksame Kraft darstellt, eine Ur-Kraft, die eben auch ins Gegenteil ausschlagen kann. Denn auch das Unglück unterliegt einer höheren Gesetzmäßigkeit ebenso wie die besondere Fügung, die wir glücklicher Zufall nennen.
Das Anschauen des Ignatius-Bildes spielt bei der Heilung Ferdinands eine große Rolle. Und eben jener Ignatius von Loyola war es, der in den geistigen Übungen, den berühmten Spirituellen Exerzitien, das Visualisieren (sich innerlich etwas vorstellen) salonfähig gemacht hat.

Nachwort
von Dr. med. Wolfgang Goldmann

Wunder sind nicht planbar wie ein wissenschaftliches Experiment. Wunder bekommt man geschenkt. Sie kosten nichts. Man könnte daraus auch schließen: Was nichts kostet, ist nichts wert. Falsch gedacht! Bei Wundern ist es gerade nicht so. Das Erkennen von Wundern setzt eine innere Bereitschaft voraus, die mit Mühe erworben werden muss. Insofern leistet der Empfänger des Wunders einen erheblichen Beitrag. Anzuerkennen, dass es Wunder wirklich gibt, ist eine Bewusstseinsveränderung, die nur durch schmerzliche Bewusstwerdungsprozesse erworben werden kann. Heute würde man auf »Neulateinisch« diesen Vorgang »Awareness-building« nennen. Das erinnert fast schon an Bodybuilding. Der wesentliche Unterschied besteht jedoch darin, dass Bodybuilding jedem gelingen kann, wenn er nur fleißig genug ist. »Awareness-building« oder Bewusstseinsbildung kann nicht planmäßig durch körperliches Training erlangt werden. Hierfür ist außerdem noch

Gnade erforderlich. Gnade ist aber ein Geschenk des Himmels, das nur die Menschen empfangen können, die auch die Fähigkeit haben, an Wunder zu glauben. Das trifft auch auf Wunderheilungen zu. Der Glaube an eine Wunderheilung besagt ja auch, dass dieser Mensch die Wunderheilung grundsätzlich für möglich hält. Er glaubt an die Existenz verborgener Welten, die auf naturwissenschaftliche Weise nicht bewiesen werden können. Da wir in der westlichen Welt von einer Medizin umgeben sind, die ihre Dogmen auf der naturwissenschaftlichen Beweisbarkeit aufbaut, tun wir uns schwer, an Dinge zu glauben, die sich dieser Beweisbarkeit entziehen. Wenn wir von Patienten sprechen, die behaupten, kein Arzt könne sie heilen, dann schieben wir allzu gern die Verantwortung allein auf den Arzt. Der nicht heilbare Patient glaubt häufig selbst an seine Unheilbarkeit. Dieser Glaube an seine Unheilbarkeit kann Jahre oder auch Jahrzehnte die Heilung blockieren. Jeder neue Heilversuch muss zwangsläufig scheitern, weil der Patient die Heilung von vornherein für unmöglich hält. Das trifft insbesondere auf chronische Erkrankungen zu, die der Patient schon lange Zeit in sein Selbstverständnis integriert hat.

Warum findet dann erst nach langer Leidenszeit eine Heilung durch einen Wunderheiler (z. B.

auch Jesus) statt? Weil der Patient sein Bewusstsein geändert hat und sagt: »Er *wird* mich heilen.« Bei allen früheren Heilern, die der geplagte Patient aufgesucht hat, hieß es immer: »Er *muss* mich heilen. Schließlich bezahle ich ja für meine Krankenkasse.« Diese Bewusstseinsveränderung von »er muss ...« nach »er wird ...« macht erst die Heilung möglich. Es ist der Glaube an Wunderheilungen, der den Patienten innerlich »aufschließt« und den Weg für die Heilung frei macht.